私のとっておき41

もうひとつのチェコ入門

メイド・イン・チェコスロヴァキアを探す旅

チェドック ザッカ ストア
谷岡 剛史

1. チェコってどんな国？ JAKÁ ZEMĚ JE ČESKÁ REPUBLIKA? ─── 006

日本からチェコへのアクセス／首都プラハの主な見どころ／カフェで朝食を／
チェコビールで乾杯！／チェコの人気者、もぐらのクルテク／
おやすみなさいの前にチェコアニメ／チェコと人形劇

2. もっと知りたいチェコの魅力 VÍCE ČESKÉHO KOUZLA! ─── 032

ホリーさんに聞く、日本とチェコ／キュビズム建築とダンシングビル／
百塔の街、プラハ　高いところに登ろう／プラハ動物園／
ヴィシェフラットで墓地散策／スパルタ・プラハを観に行こう／
コミュニズムミュージアム（共産主義博物館）／カレル・ゼマンの世界へようこそ／
ヨゼフ・ラダの故郷、フルシツェ／クトナー・ホラ セドレツ納骨堂

3. チェコの今と昔　HISTORIE A SOUČASNOST ČESKÉ REPUBLIKY ──── 060

ブリュッセルスタイル／ヤロスラフ・イェジェックの磁器／
よみがえるチェコスロヴァキアデザイン／リブシェ・ニクロヴァーのおもちゃ／
ハヴィージョフ駅を救え／イェシチェットが呼んでいる／
BOTAS 66　共産主義時代のスニーカーは生まれ変わる／
チェコの懐かしく新しい文房具papelote／
BAOBAB　小さく、大きな絵本出版社／
This is ミハエラ・クコヴィチョヴァー／もぐらくんのぬいぐるみこうじょう／
100年の伝統を持つ木のおもちゃ／紙製のスーツケースができるまで

4. 古本屋、ガラクタ屋、冬の時代　ANTIKVARIÁTY A BAZARY V ZIMĚ ── 108

お城のバザール／蚤の市へ行こう／メイド・イン・チェコスロヴァキア
(ぬいぐるみ／マグカップ／ハットピン／マッチラベル／目覚まし時計)／
チェコのヴィンテージ家具／チェコの映画ポスター

5. ガイドブックに載らない街へ
DO MĚSTA, O KTERÉM SE V PRŮVODCÍCH MLČÍ... ── 138

国境の町、ヴァンズドルフ／ネコのビール／マリアンの古本屋

おわりに
Ahoj!　トビシュク！

はじめに

チェドックザッカストアという店をオープンしたのが 2004 年。そして『チェコへ、絵本を探しに』(産業編集センター)という本を書いたのが 2008 年。もう 8 年も前のことになります。
印刷やイラストの美しさ、かわいらしいキャラクターなど、たとえチェコ語がわからなくても楽しめる、チェコ絵本の魅力を伝えたくて書いたのが『チェコへ、絵本を探しに』でした。

お店では絵本だけではなく、食器や文房具といった日用品をはじめ、人形や置物、子どものおもちゃ、家具などチェコのいろいろなものを扱っています。
そしてそのほとんどは、僕がチェコの蚤の市やガラクタ屋、アンティークショップなどで実際に手に取り、買い集めたものです。

そんな風に 10 年以上チェコで買い付けをしていると、ガラクタ屋や蚤の市で、突然、光り輝くように目に飛び込んでくるものがあります。
野暮ったい食器の中にまざって、まるで時代を飛び越えて来たようなデザインの食器があったり。素朴なおもちゃのなかにポツンと先鋭的な造形のおもちゃが隠れていたり。そういうものはなんとなく手放すことができず、手元に置いているのですが、何年も後に同じものがアンティークショップでものすごい値段で売られているのを見たり、美術館で展示されているのを見たりして「あれはあの時の!」となることがあります。

日本では全然知られていなくても、チェコにはその時代時代の素晴らしいものがたしかに存在しています。変化の歴史の中で、突然変異のように生まれたものや、伝統的なものへの尊敬の念から生まれたもの。そしてずっと変わらず、どの時代も歴史と共に歩んできたもの。

チェコの素晴らしいもの、人、場所などは数え上げればキリがありません。その中でも、特に今、僕がみなさんに知ってほしいと思うことを厳選して紹介しました。

最近はチェコへの旅行者も増え、ガイドブックなどもたくさん出版されていますが、チェコにはまだまだ知られていない深みがたくさんあります。
この本が、決して抜け出せないその深みに足を踏み入れるきっかけになれれば嬉しいです。

チェコ共和国はちょうどヨーロッパの真ん中辺りに位置する内陸国で、
大きさは北海道と同じくらい、人口は1000万人ほどです。
1918年のチェコスロヴァキア建国以来、長く共産主義政権下にありましたが、
1989年に民主化され、1993年にはチェコとスロヴァキアに分離しました。
チェコ出身の有名人というと音楽家のドヴォルザーク（ドヴォジャーク）、スメタナ、それに
アール・ヌーヴォーを代表する画家のミュシャ（ムハ）、作家のフランツ・カフカ、カレル・
チャペック。ノーベル賞を受賞した詩人のヤロスラフ・サイフェルトなどなど
挙げればキリがありません。
ユネスコの世界遺産に登録された文化遺産も、プラハ歴史地区やチェスキー・クルムロフ
歴史地区などをはじめ12ヶ所が登録されています。

チェコに通うようになって10年以上が経ちますが、いつも思うのは小さな国なのに
なんて文化的な素養のある国なんだろうということです。
僕は少し古い時代の雑貨や絵本を買い付けるためにチェコを訪れているのですが、
それらの古いものからも常に新しい発見や出会いがあり、新鮮な驚きを提供してくれます。
そしてそこにはいつも、独特のオリジナリティを持った「チェコらしさ」が
必ず隠れているのも大きな魅力のひとつです。

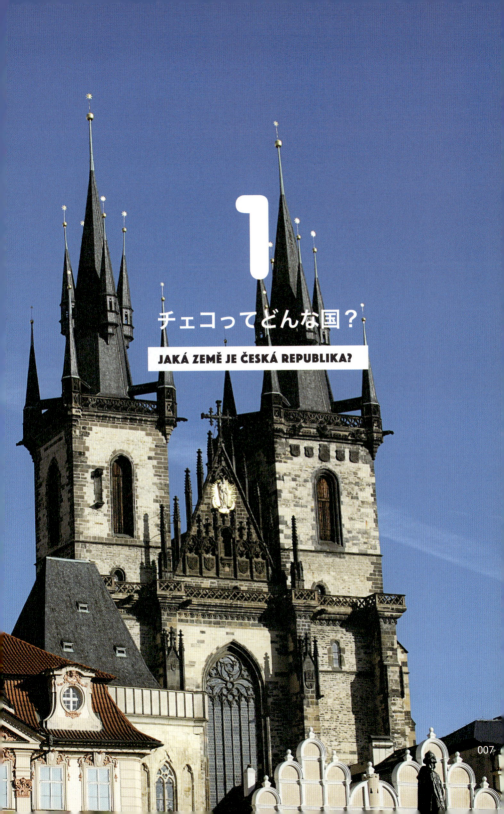

1

チェコってどんな国？

JAKÁ ZEMĚ JE ČESKÁ REPUBLIKA?

JEDEME DO ČESKÉ REPUBLIKY!

日本からチェコへのアクセス

日本からチェコへ行くには直行便の飛行機がないため、どこかを経由していく必要があります。飛行機に乗っている時間が一番少なくて済むのはフィンエアーで、フィンランドのヘルシンキ経由というのがあります。他にもモスクワ、オランダ、パリ経由などいろいろな便がありますが、僕は毎回、韓国・ソウル経由の大韓航空を利用しています。日本からソウルまで2時間ほど、そして待ち時間1時間弱で乗り継ぎ、そこから11時間でプラハに到着というのがいつものパターンです。大韓航空とチェコ航空はコードシェア運航をしているため、日によってはソウルからプラハまではチェコ航空の飛行機が使用されます。チェコ航空に乗る機会はあまりないので、旅の気分も一気に盛り上がります。
他にもオーストリア航空の直行便でウィーンまで行き、そこから電車に揺られること2時間弱でチェコ第2の都市ブルノへ移動。という方法もあります。

チェコのお金

チェコは2004年にEUに加盟していますが、通貨はチェココルナのままです。両替はレートの悪いところなどもよくありますので、自分の口座の現金を現地通貨で引き出せるデビットカードやクレジットカードのキャッシングなどを利用するのがおすすめです。対応可能なATMは街中のいたるところにあります。

チェコ国内での移動

チェコ国内での移動は、都市と都市を結ぶ高速バスが発達していることもあり、たいていの場合、電車よりもバスのほうが速く、値段も安くて快適です。ただ、週末などは満席になることも多いので、早めの予約がおすすめです。

PID
Pražská integrovaná doprava

プラハ内での移動

プラハの中での移動はバス、地下鉄、トラムなどが乗り放題となる1日券（110コルナ）がおすすめです。プラハの交通機関のチケットは30分以内、90分以内、さらには大きな手荷物がある場合は別途料金が必要だったりとややこしいため、頻繁に乗り降りする際は迷わず1日券を購入し、煩わしさから解放されることをおすすめします。

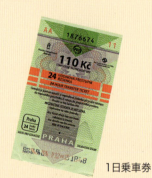

1日乗車券

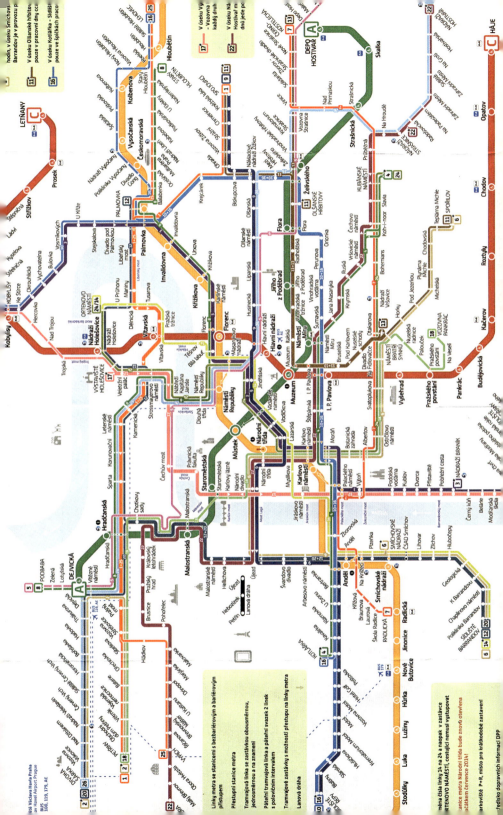

首都プラハの主な見どころ

チェコの首都プラハには有名な観光地が密集しています。そのため滞在日数の短い旅でも充分その魅力を堪能することができますが、チェコ、プラハの魅力は観光地以外にもたくさんあるので、ぜひ長く時間を取っていただければと思います。
ちなみにプラハと京都は姉妹都市盟約を締結しているのですが、狭い範囲内に見どころがたくさんあるという意味でも、確かに似ているような気がします。

PRAŽSKÉ PAMĚTIHODNOSTI

プラハ城の顔と言っても過言ではない聖ヴィート大聖堂。

中にはミュシャ(ムハ)が制作したステンドグラスも。

Pražský hrad

プラハ城
天井が高くとても開放的ですが、当然ながら観光客でごった返しています。

観光客だけでなく遠足の子どもたちも。

黄金小路

プラハ城の敷地内にある黄金小路と呼ばれる小さな家が軒を連ねるエリアには、カフカが仕事場として使っていた家があります。今はおみやげ屋さんになっています。

カレル橋

プラハ城と並ぶ観光スポットといえばカレル橋。橋の欄干には30体の彫刻が並んでいますが、その中には日本でも有名なザビエルの像もあります。

旧市街広場

旧市街のうねうねとした細い道をぬけると、ティーン教会やミクラーシュ教会、天文時計にヤン・フス像を一度に見渡すことができる大きな広場に出ます。それがプラハの中心、旧市街広場です。素晴らしいロケーションなので、いつ訪れてもウエディングドレスで記念撮影する人を見かけます。

ヴァーツラフ広場

ヴァーツラフ広場は広場と言うより大きな通りです。1918年にチェコスロヴァキア独立宣言が読み上げられたのも、1968年にプラハの春でデモが行われたのも、1989年のビロード革命で人が集まったのもこの広場でした。

カフェで朝食を

旅の1日を特別なものにするには何が必要でしょう。僕からひとつ提案があります。あなたが宿泊するホテルが高級ホテルなのか、ビジネスホテルなのかユースホステルなのかわかりませんが、朝ごはんをホテルではなくカフェで食べてみませんか。

ホテルの朝食バイキングに飽々していた時に友人が朝ごはんに誘ってくれたのですが、カフェの朝ごはんメニューの充実っぷりに驚きました。それ以来、カフェでの朝ごはんがすっかり旅の楽しみのひとつになりました。

SNÍDANĚ V KAVÁRNĚ

カフェ・ルーブル

1902年創業の老舗カフェで、かつてはフランツ・カフカをはじめ、カレル・チャペックなどのチェコの文化人たちが集うカフェでした。1911年から1年ほど、プラハのカレル大学で教授をしていたアルベルト・アインシュタインもこのカフェの常連でした。

そんなわけで、観光名所のようになっており、朝ごはんの時間帯はいつ訪れても人で賑わっています。ツーリスティックな有名店と言うのは、得てして名ばかりの酷い店というのも少なくないのですが、ここは100年以上も続く歴史の重みも感じさせつつ、カジュアルに利用できる、とても満足度の高いカフェです。地元のお客さんもたくさん訪れているというのがこのカフェの素晴らしさを裏付けていると思います。アールデコ調の内装で文化人気分で朝食なんてのもいいですね。

Café Louvre
Národní 22 Praha 1
月〜金 8:00 〜 23:30
土・日 9:00 〜 23:30

カフェ・スラヴィア

カフェ・ルーヴルからトラムで一駅、歩いても5分ほどの距離にあるカフェ・スラヴィア。こちらはカフェ・ルーヴルほどの混雑ではありませんが、同じく地元の人にも愛され、観光スポットとしてもぜひ訪れたいカフェです。

> **Kavárna Slavia**
> Smetanovo nábřeží 2 Praha 1
> 月〜金　8:00 〜 24:00
> 土・日　9:00 〜 24:00

創業は1884年とプラハでは超の付くほどの老舗カフェです。国民劇場のすぐ向かい、すぐ近くにはヴルタヴァ川も流れています。トラムの往来もよく見える大きな窓からはカレル橋、プラハ城を一望できます。これほどプラハを堪能できるカフェというのも、なかなかないと思います。カフェ・スラヴィアはロケーションがいいだけではなく、長い歴史を持つことと目の前が国民劇場ということもあり、戯曲家・俳優でもあったヴァーツラフ・ハヴェルやノーベル文学賞を受賞した詩人、ヤロスラフ・サイフェルトなど名だたる多数の劇場関係者や文学者、詩人たちが通っていました。

店内はとても広く、アールデコの落ち着いた内装です。カフェとは言いながらもレストランさながらに食事メニューも豊富なので、朝食だけでなく夕食にも持ってこいですよ。

市民会館

最後に紹介するのは旧市街広場、火薬塔のすぐ横にある市民会館にあるカフェです。1912年に完成した市民会館は音楽祭のプラハの春の会場として有名なスメタナホールがあったり、様々な展覧会を開催していたりするのでぜひ訪れてほしい場所です。プラハではこのすぐ近くのホテルに滞在することが多いので僕もよく行きます。アール・ヌーヴォーの内装はとにかく華やかで、装飾も細かく美しく、開放感のある高い天井から下がる大きなシャンデリアも優雅な気分にさせてくれます。たくさんのパンが選べる朝食をはじめ、食事やアルコールも充実しているので、ランチやディナー、コンサート前にちょっと一息など、様々な使い方ができますよ。

> **Kavárna Obecní dům**
> náměstí Republiky 5 Praha 1
> 月〜日　7:30 〜 23:00

ČECHY ZNAMENAJÍ PIVO!

チェコビールで乾杯！

ビールというとやはりドイツ、そして最近ではベルギーを思い浮かべる人が多いのではないかと思いますが、実はチェコは一人あたりのビール消費量が世界一。一人あたりに換算すると、年間150リットル近くも飲んでいるんです。そんなにたくさんのビールをどこで飲んでいるのかというと「ホスポダ」と呼ばれるチェコの居酒屋、パブ、ビアホールのようなお店が主流です。たしかにチェコで地元の人が集うようなホスポダに行くと、大きなジョッキを手にした数人のおじさんたちが、まるで店内装飾の一部かのように固まって、延々と飲みながら喋っている光景を必ず見ます。値段も日本とは比べ物にならないくらい安く、生ビールが500ミリリットルのジョッキで150円くらいです。

ついついおかわりをしてしまい、記憶を奪われる結果になることもありますが、それも致し方ありません。

ちなみに世界中で醸造されているビールの中でも主流なのは、黄金色に輝くピルスナービールという種類。この「ピルスナー」というのはチェコの「プルゼニュ」という街が由来になっています。ピルスナービール発祥の地で生まれたチェコでも最も有名なビール「ピルスナー・ウルケル」は、特におすすめですのでぜひ一度ご賞味下さい。このように、チェコとビールは切っても切り離せない間柄なのです。アルコールはあまり……という方も、チェコを訪れたなら一度くらいは本場のビールをためしてみるのも良いのではないでしょうか。

ウ・カリハ

『兵士シュヴェイクの冒険』というお話をご存知でしょうか。チェコの作家ヤロスラフ・ハシェクが書いた戦争風刺のコミカルな作品で、挿絵をヨゼフ・ラダが担当しています。この物語の主人公、シュヴェイクの絵はホスポダの看板などに使用されていることがかなり多いのでよく目にするのですが、ウ・カリハはその聖地と言っても過言ではありません。

というのもこの店はヤロスラフ・ハシェクの行きつけの店であり、『兵士シュヴェイクの冒険』の作中でもシュヴェイク行きつけの店として登場するのです。看板をはじめ、コースターやマットなどいろいろなものにシュヴェイクのイラストが描かれています。グッズも充実していますのでおみやげにぜひ。

入り口を入るとすぐにシュヴェイクの人形やイラストがお出迎え。
壁に描かれているイラストも面白いので必見です。

U KALICHA
Na Bojišti 12-14 Praha 2
月〜日　11:00 〜 23:00

黄金の虎

チェコには黄金の虎という名前のホスポダがあります。昔読んだ本に、このホスポダの話が紹介されていました。ここはチェコを代表する作家ボフミル・フラバルをはじめ、名だたる作家や文化人が行きつけとして通った有名店です。

夕方になると、ぞろぞろとそういった面々が集い、毎日様々な話をしていたそうです。座る場所まできっちり決まっていたそうで、本人が居ないからと座ろうとすると「そこは○○の席だからダメだよ」と注意されたのだとか。

2012年に亡くなったチェコの元大統領ヴァーツラフ・ハヴェルもこの店の常連で、フラバル、ハヴェル、そして当時のアメリカ大統領クリントンが3人並んで写っている写真も店内に飾られています。

そんなわけで、チェコでビールを飲むのであれば黄金の虎は、とにかく間違いがないホスポダだと誰もが認めています。

> U zlatého tygra
> Husova 17 Praha 1
> 月〜日　15:00 〜 23:00

店内はいつもお客さんであふれているので、止まることなく次から次へとビールが注がれています。

入り口を入ってすぐ目につく壁にはボフミル・フラバルの胸像が。そのすぐ横にはハヴェル、フラバル、クリントンの3ショットの写真も。

そういった前知識をたくさん仕入れてしまっていたためか、なんだか恐れ多くて実際に訪れたのはほんの数年前のことです。とにかく混雑していてギュウギュウの寿司詰め状態なうえ、テーブルには〇〇時から〇名といった予約の札もたくさん置いてあり、すっかり心が折れました。でも意外にも、少し席が空くと丁寧に案内してくれたりして、なんだか最初は拍子抜けしました。

まぁこちらが勝手に頑固親父のラーメン屋のようなものを想像していたからなんですが。ビールの味は言うまでもなく本当に最高です。苦くてもすっきりした味わい……と文章ではありきたりな表現になってしまってうまく言い表せません。美味いビールを提供することに注力してきた老舗のこだわりには、感動すら覚えます。

チェコを訪れる目的のなかに「美味いビールが飲みたい」ということがあるならば、絶対に行ったほうがいい店ですよ。

ジョッキを空けるたびに
伝票にチェックが入ります。

ロカール

中心地にあるロカールという名のホスポダ。数年前にできた人気のお店で、社会主義時代の労働者たちの集った大衆的な食堂をコンセプトに、現在の解釈でスタイリッシュな内装になっています。食事もとても美味しいです。ビアタンクがカウンター下のテーブルから見える場所に設置され、いつ交換した、いつ掃除したというのがわかるようになっています。
会計の紙には大量のビアジョッキのイラストがあり、注文するごとにチェックされ何杯飲んだかがわかるようになっています。こんなポイントカードみたいなデザインにされると、ついついおかわりしたくなってしまうのでご注意を。

トイレもあえて昔の雰囲気を残した
デザインになっています。

Lokál
Dlouhá 33 Praha 1
月〜土　11:00 〜 25:00
日　　　11:00 〜 24:00

3人の戦士

せっかくチェコに来たのだからビールを飲みたい。それもいろんな店で飲みたい。日本の感覚だと、居酒屋やレストランに行くとしっかり食事も食べて、お酒も飲んでと思ってしまうのですが、チェコでは家で食事をした後にビールだけ飲みに来ているような人もたくさんいますので、気にせずどんどんいろんな店をハシゴしてみてください。
と言いながら、僕もチェコに通うようになった最初の頃は、なんとなく尻込みして外食はあまりしていませんでした。注文するのが難しそうと思ったりもしていたのですが、それよりなにより、買い付けで訪れているため、日中は時間を惜しんで適当にパンなどを買って済ませることが多く、夜は夜で梱包などに時間を取られたりし、これまた適当に済ませてしまうことが多かったのです。
せっかく海外に来て観光もしない、メシもたいしたものは食べないという日々を続けていると何もかもが嫌になってしまい、買い付けの途中フラフラになりながら吸い込まれるように初めて入ったレストランがこの店でした。

メニューはチェコ語表記のみ。店員もチェコ語しか喋らない。お客さんもほぼ地元の人のみという状況に困り果て、適当に注文したら、これが美味い、しかも安いと感動し、この店をきっかけに「せっかく来てるんだから、多少仕事に支障が出てもメシぐらいはちゃんと食べよう」そう考えるようになりました。初めて訪れた10年位前には、この店のすぐ近くに数件のガラクタ屋や古本屋がありました。そのためしょっちゅう訪れていたのですが、1軒、また1軒と閉店していき足が遠のくようになり、久しぶりに行ってみると外観はそのまま、中はもぬけのから。「思い出の店が閉店してしまった……」と意気消沈していました。
ところが数年後、近くに行ったついでに「そういやあの店の場所、何になったのかな」と思い訪れてみると、同じ店の看板が！なんと店名はそのままにリニューアルしてオープンしているではありませんか。内装も従業員もすっかり変わり、英語メニューも用意されていました。気に入っていたお宝メニューはなくなってしまいましたが、最近はプラハを訪れるたびに必ず足を運んでいます。

店によって飲めるビールの銘柄が異なります。プラハではピルスナー・ウルケルを用意している店が多いです。

Restaurace U TŘÍ BOJOVNÍKŮ
Vyšehradská 17 Praha 2
月〜日　11:00 〜 23:30

チェコを代表するキャラクターということで、空港では巨大なクルテクがお出迎え。

チェコの人気者、もぐらのクルテク

チェコの人気キャラクターといえばなんといってもクルテクです。知っている人なら「そりゃそうだ」となるわけですが、知らない人も当然たくさんいると思います。というわけで簡単に説明すると、クルテクとはチェコ語で「もぐら」という意味で1957年に初めてアニメーションが製作された、チェコでは知らない人はいないぐらい有名なキャラクターです。

チェコの人たちには「クルテチェク」(もぐらちゃん)と呼ばれ、親から子の世代までみんなに親しまれています。ぬいぐるみや木のおもちゃをはじめ、文具、洋服などたくさんのクルテクグッズが、街のおもちゃ屋やみやげ物屋にあふれています。

日本でも1967年には『もぐらとずぼん』というタイトルで絵本が出版されていたり、TVアニメも放映されていたので、イラストを見ると「知ってる!」なんていう方も多いのではないでしょうか。

クルテクのおもちゃ屋さん

ハヴェルスカー市場のすぐそばにあるおもちゃ屋さん。入り口で 120 センチのクルテクが店番をしています。クルテク以外のおもちゃも充実しています。

Hračky u Krtečka
Havelská 11-13 Praha 1
月〜日　9:00 〜 19:00

黄金のライオン

旧市街広場近くのおもちゃ屋さん。手前にはたくさんのマリオネット、奥の小部屋はクルテクのグッズであふれています。

Hračky u Zlatého Lva
Celetná 32 Praha 1
月〜日　9:00 〜 18:00

おやすみなさいの前にチェコアニメ

チェコにはクルテクの他にもたくさんのキャラクターが存在します。日本でも少し知られているものもあれば、まったく知られていないものもあります。チェコには現在まで50年以上続くヴェチェルニーチェクというアニメーション番組の枠があります。毎日夕方にクルテクをはじめ、さまざまなチェコアニメが日替わりで放映されるので、小さな頃から色々なキャラクターに親しみを感じて育ちます。小さい頃、悪いことをして怒られると親に「今日はヴェチェルニーチェクを見ちゃダメ」というのが罰になっていたというのを、何人かのチェコ人の友人から聞きました。それほど子どもにとって特別なものだったんですね。今回、たまたま滞在中にヴェチェルニーチェク放映開始50周年記念の大きな展示が開催されていました。実際に使われた人形やセル画などの展示、世界観をそのまま投影した展示物などが作成され、見るだけではなく実際に手に触れたり、アニメーションの世界に入ったような気分になれるような展示がたくさんあり、子どもはもちろん世代を超えて大人たちも、まるで子ども時代にもどったように、とても楽しそうにしていました。

ヴェチェルニーチェクの展示はプラハ国立美術館（ヴァルドシュタイン乗馬場）とカンパ・ミュージアムの2ヶ所で開催されました。プラハ国立美術館では、アニメーションの世界を再現したセットや実際に使用された人形などが展示され、カンパ・ミュージアムではセル画や原画を中心に展示されました。

広い会場にチェコアニメーションの世界が再現されています。

ヴェチェルニーチェクのメインキャラクターの原画。この男の子がオープニングとエンディングに必ず登場します。

アドルフ・ボルン『マフとシェベストヴァー』。日本でも『ふしぎなでんわ』というタイトルで絵本が出版されていました。

チェコの人形劇の有名なおはなし『スペイブルとフルヴィーネック』。実際にロープをひいて人形を動かすことができます。

もちろんクルテクの姿も。一緒に記念撮影をしている人が1番多かったように思います。

イジー・シャラモウンの『おおいぬフィーク』。女の子が拾ってきた子犬が一瞬で巨大な犬に成長してしまうコミカルなおはなしです。

優しい山賊ルムツァイスのおはなし。作者はヴェチェルニーチェクのキャラクターデザインも手がけたラデック・ピラシュです。

実際に撮影で使用された人形の展示もありました。イジー・トゥルンカの遺作となった作品『手』。

Hej rup!

ヘルミーナ・ティールロヴァー監督によるアニメーション『アリのフェルダ』。

会場には子どもたち向けのワークショップも。

第2会場のカンパミュージアムは原画とセル画を中心に。ヴェチェルニーチェクの原画。

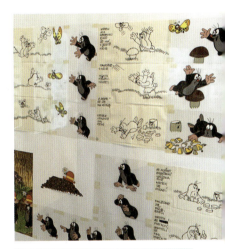

クルテクのセル原画と絵コンテもありました。これを見るとアニメーションがどのように製作されていたのかがわかりますね。

チェコの女の子に大人気の作品『マコヴァーパネンカ』のセル画。ポピーの花のお姫様のおはなしです。

ヴェチェルニーチェクの男の子が乗っている木馬が記念撮影スポットに。もちろん乗りました。

チェコと人形劇
SPEJBL A HURVÍNEK

「チェコ好き」の多くは、アニメーションや絵本からチェコに興味を持ったという方も少なくないと思います。その源流にあるのは人形劇です。今もなお人形劇が盛んなチェコの中で、特に有名なキャラクターといえば「スペイブルとフルヴィーネク」です。スペイブルとフルヴィーネク劇場の創設者であるヨゼフ・スクパの死後、劇場を引き継いだミロシュ・キルシュネルさんの娘で、現在は劇場の総合演出、ドラマツルグを務めるデニサ・キルシュネロヴァーさんにお話を伺いました。

---チェコ人にとって人形劇というと伝統的なものであるという以上に、深いつながりがあるように思いますがいかがでしょうか。

たしかに人形劇は常にこの国にあります。最初期はイタリア、またはドイツからの巡業公演というのがありました。チェコで最初の人形劇の公演は18世紀初頭にドイツ人向けに行われた『ファウスト』だと言われています。
チェコ人に向けては『ムルディーレックとチハーレック兄弟物語』という不思議な題名の上演が最初であるという記録があります。

---チェコの古い人形劇のことを調べるとマチェイ・コペツキーという名前をよく目にします。チェコの人形アニメについて総括したような本が50年代に出版されていますが、そこにも「マチェイ・コペツキーからイジー・トゥルンカ」までという文言があり、やはり人形劇が源流なのだと感じました。

マチェイ・コペツキーは18〜19世紀頃の人ですね。彼らが人形劇を巡業公演したことで、チェコの文化として根付いたと言っても過言ではありません。人形劇はチェコ語で上演されるため、普通の劇場で上演されているお芝居の脚本をもじって庶民に伝えるという役割も果たしていました。そのようにして人形劇文化は受け継がれ、20世紀初頭にはアマチュア、プロも入り乱れた人形劇の大ブームが訪れます。ちなみにそのマチェイ・コペツキーですが、うちの劇場に子孫がいますよ。

---ええ！ それは驚きです！ 言語の話が出たのでお伺いしたいのですが、人形劇とチェコ語との関わりはどういったものだったのでしょう。

外国からの巡業団体も来ていましたが、庶民はドイツ語は話せないので、チェコ人はチェコの人形劇団のものを見ていました。同じ演目でもチェコ人向けとドイツ人向けがあり、交代制で上演されていました。実は面白い記録が残っていて、「チェコ人が帰ったあとは空気を入れ替えろ」というドイツ人からのクレームがあったそうです。臭かったんですかね（笑）。

---（笑）
そういえばナチスの時代にドイツ語を強要され、チェコ語を守るために人形劇がその役目を果たしたというような、明らかに間違った解説を見たことがあります。

それはひどい間違いですね。19世紀まで公用語はドイツ語でした。しかし当時のプラハはユダヤ、ドイツ、チェコそれにオーストリア＝ハンガリー系までがごちゃ混ぜになったようなマルチカルチャー的な空間で、

むしろ今よりも国際的だったかも知れません。

スペイブルとフルヴィーネクのこと

---本当に基本的なことから伺います。読み方は「シュペイブル」ですか「スペイブル」ですか?

「スペイブル」ですね。

---日本で紹介されている時はほぼシュペイブルと呼ばれているので驚きました。スペイブルとフルヴィーネクはチェコでは知らない人はいないほど有名ですよね。この人形の歴史や産みの親と言われているヨゼフ・スクパさんについて教えて下さい。

ヨゼフ・スクパはもともとアマチュア劇団の一員で、人形の操り師としての技術は素晴らしく、とても人気がありました。1930年にスペイブルとフルヴィーネク劇場をプルゼニュにオープンするまでは地方を巡業して公演していました。

スペイブルの人形は1920年にカレル・ノセックという人形師が作りました。そして1926年にカレル・ノセックの甥、グスタフ・ノセックがスクパを驚かせようとフルヴィーネクの人形を制作し持ってきました。

スクパは1920年頃にスペイブルのスケッチを描いたと言われていますが、そのスケッチやそれを裏付けるようなものは残っていません。しかしスクパがスペイブルの人形を動かし、キャラクター設定などを決めたのでスペイブルとフルヴィーネクにとっては父のような存在です。もしスクパがいなければ今のスペイブルはありません。また、スクパは造形美術家としても優れていて弟子にイジー・トゥルンカがいます。トゥルンカに人形は独立した素晴らしい美術の対象だと教えたのもスクパでした。

---人形劇の人形というとリアルな造形の、少し怖い佇まいのものが多いように思うのですが、スペイブルとフルヴィーネクはそれとは真逆のような雰囲気ですね。

スクパは当時モダンな人形劇をしたいと思っていましたが、そこにコミカルなスペイブルが登場したことで、最初は少しためらいを感じていたようです。

Denisa Kirschnerová

その頃のスペイブルの役目は道化役のようなものでした。スペイブルの燕尾服に本物のチーズやバターを付けて劇場に本物のイヌを放す。すると当然イヌが追いかけてきます。それを見て笑うようなコミカルないじられキャラだったわけです。
ですからスペイブル人形は他の人形と一緒の扱いをされては困る、と距離をおかれていました。ところが次第にそれを目当てに人形劇に足を運ぶ人も増え、告知のポスターにも登場するようになりました。

---道化役だったのが主役級に上りつめたんですね。上演作品もたくさんあったのですか？

スクパは即興の王と言われていて、脚本が残っていないんですよ。フルヴィーネクを最初に手にした時もすぐに即興でいろいろと演じたそうです。まだ名前すら決まっていなかったのに演じてみせると観客はスペイブルの息子だと思ったそうです。それで親子の設定ができました。

---そんな調子だとスクパ以外の人が演じるというのは難しそうですね……。

そうですね。うちの父がスクパからスペイブルを演じるのを引き継いだ際、台本には「ブランコのフルヴィーネク」としか書かれておらず「これ、シナリオとかどうなってますか？」と聞くと「ああ、適当に楽しいの考えて」と答えが返ってきたそうです（笑）。

---すごいですね（笑）。本当に何もないのですか？

即興で演じていた事に加え、戦時中に反ナチのお芝居をやっていたので台本が残っていないということもあります。スペイブルの木靴に燕尾服、出っぱった目に大きな耳というのはまさに風刺的な風貌でした。人形劇に風刺という概念はなかったので、革命的と言ってもいいかもしれません。

---戦時中に反ナチの人形劇を上演するなんて危険なことをして、よく無事でしたね。

いや、じつはスクパは1944年にドレスデンの刑務所に投獄されます。しかし翌年ドレスデン爆撃があり、刑務所が破壊されてスクパはプルゼニュに逃げ帰りました。
ゲシュタポに捕まった際すべての人形が没収されましたが、廃棄されている人形を見つけた子どもが「スクパさんの人形劇で見たことがある！」と気づいて持ってきてくれたのです。

スペイブルとフルヴィーネク劇場について

---やはりお客さんは子どもたちが多いですか?

基本的には子ども向けの演目ですが、夜は大人向けの人形劇も上演しています。子ども向けだと伝統的な人形芝居は上から吊るして、操り手は見えない状態ですが、大人向けの場合は人形師を前に出して上演しています。

---日本の文楽のようですね。観光客も多いですか?

観光客も多いんですが、上演はチェコ語のみなんですよ。たまにドイツ語での公演はありますが。

---なるほど、今はデンマークへの巡業公演の準備中と伺いましたが、その際には何語で上演されるんですか?

デンマーク語ですね。日本に巡業した時も日本語で上演をしましたよ。多少発音やアクセントがおかしくても、巡業先の言葉で上演するのが伝統になっています。
スペイブルとフルヴィーネクのお芝居は言葉の道化なので、「言葉」をとても重要視しています。ですから通訳をつけるのではなく、練習して上演しています。それがたとえ拙いものでも、芝居のおもしろさを引き立てるのです。

これまで22ヶ国の言語で上演をしてきましたが、どこでもお客さんが大喜びしてくれます。それが一番素晴らしいことだと思っています。

---人形劇の特性として「近さ」というものがあると思うのですが、たしかにその国の言語で上演してもらえると心理的な距離も一層近づきますね。しかしなぜ外国語で上演することになったのですか?

実はそれはうちの父がきっかけなのです。ルーマニアでの上演前にスクパが体調を崩してしまい、行くことができなくなりました。そこでうちの父がスクパに「どうすれば良いでしょうか」と尋ねると、「自分たちが楽しんでやったら喜んでくれるよ」と具体的な返答がもらえず、マジメだったうちの父はお客さんに喜んでもらおうとルーマニア語に翻訳して練習をしました。一生懸命練習して拙いながらもルーマニア語で上演したところ大絶賛され、それ以来そのやりかたが伝統となりました。

---そんなきっかけがあったんですね。外国での公演は多いのですか?

ドイツでは定期的に公演があります。その他は呼んでいただければという感じですね。日本での公演は2005年、ちょうど愛知万博の時が最後でした。また日本に行きたいのでぜひ呼んで下さい。

これまでに何度もチェコに足を運んでいるので、チェコ人の友達もずいぶん増えました。知り合った最初の頃こそ少し距離を感じていたものの、すぐに仲良くなり、会う度にどんどん優しくしてくれる義理人情に厚い感じの雰囲気がなんとなく日本人に似ていてホッとします。

カレル・チャペックの名作『Dášeňka čili život štěněte（ダーシェンカ あるいは子犬の生活）』は、チェコで1933年に出版されましたが、なんとその翌年には日本で『だあしゑんか 仔犬の生ひ立ち』というタイトルで翻訳出版されています。その他にも数々の作品が、かなり早い段階で日本で紹介されるなど、日本とチェコは様々な分野で戦前から深く交流がありました。

チェコは知れば知るほど奥が深く、その魅力に引きずり込まれてしまいます。本章ではガイドブックでは大々的には紹介されない、少し寄り道をして訪れてみたくなるような素敵な場所をいくつか紹介しています。

2

もっと知りたいチェコの魅力

VÍCE ČESKÉHO KOUZLA!

ホリーさんに聞く、日本とチェコ

今回この本でいろんな方に取材をするにあたって、アポイントや通訳など、ペトル・ホリーさんにたくさんの事を手伝っていただきました。ホリーさんとはチェコセンターの所長に就任された頃に知り合ってから、チェコ関連イベントでご一緒するなどずっと仲良くしていただいています。

また、ここ数年はチェドックザッカストアでのチェコ映画上映会なども共同で開催しています。ホリーさんは、声だけ聞いていると、日本人かと思うほど日本語が流暢で、メールの文面も丁寧なので、直接会ったことがなければホリーさんではなく堀井さんではないかと疑ってしまうほどです。そんなホリーさんが日本に興味を持ったきっかけや、日本とチェコのこと、そして子どもの頃のリアルなお話を伺いました。

---ホリーさんが初めて日本を訪れたのはいつですか？

カレル大学在学中の1991年に国際交流基金で1ヶ月滞在したのが最初です。その後93年に文部省(当時)の奨学金で早稲田大学に1年間留学し、97年にカレル大学を卒業。98年からはまた東京学芸大学へ留学し、2000年からは早稲田大学で歌舞伎について勉強しました。2006年から2013年まではチェコセンター東京の所長を7年間務め、現在は、日本におけるチェコ文化・芸術の普及を目的とした「チェコ蔵」を主宰しています。

---初めて日本を訪れた際に、思っていたのと違うと感じたことや驚いたことはありましたか？

最初に日本に来たのが1991年とバブルの真っ只中で、想像していたよりずいぶん西洋化されているんだなという印象でした。伝統的なものがもっとあると思っていたんですよ。座布団が欲しかったのにキャラクターの描かれたものばかりで、和風の物が見つけられずがっかりしました(笑)。
でも初めて歌舞伎を生で見て、思っていた日本がここにあると感動しました。

日本に興味を持ったのは1986年に日本のことを紹介する『日本の面白い99ヶ所』という本を読んだのがきっかけです。それ以前だとテレビドラマ『Goro-bílý pes(黄金の犬)』も好きで見ていました。

※黄金の犬
西村寿行の小説で1980年にテレビドラマ化。日本ではあまり知られていませんが、チェコスロヴァキアテレビで吹き替え版が放映され大ヒットしました。チェコ人の友達にこのドラマを知らないというと「なんで!? 日本人なのに！」と驚かれます。

---『日本の面白い99ヶ所』はどういう内容だったんですか？

日本の生活、伝統文化などが紹介されているのですが、その中でも魅力的だったのが書道です。すぐに筆を買い実践してみました。演劇のことや四谷怪談のような怖い話があることも知りとても興味を持ちました。それでどうにか日本語を習いたいと思っていたのですが、プラハに外国語を習う学校があるのを母が調べてくれて、週に一度通うようになりました。それが16歳の頃です。当時から日本の文学はチェコでもかなり出版されていたので、そういうものはもちろん、ヨエ・フロウハの日本旅行記なども読みました。

---その当時ホリーさんのまわりにはそこまで日本に興味を持っている人っていないですよね？

そうですね、でも初めてその外国語学校に行ったとき30人ぐらいの人が習いに来ていて驚きました。どんどん減って、最終的には3人ぐらいになってしまいましたが。
当時何人かの日本人と文通をしていましたが、その中でも一番長い間文通をしていた方が、日本の古典芸能を紹介するビデオを送ってくれたんです。そこで紹介されていた歌舞伎の素晴らしさに心を奪われました。それでカレル大学の日本学科では歌舞伎などの伝統芸能を専攻しました。
当時カレル大学に入るには共産党員でないといけない、という暗黙のルールのようなものがありました。しかし運の良いことに、高校を卒業する年に革命があって、それがなくなりました。

---さきほど『黄金の犬』の話もありましたが、当時チェコで日本のことがわかるようなテレビ番組って何かありましたか？

1988年にチェコスロヴァキアテレビとNHKの合作で『鐘のひびき〜プラハからヒロシマへ』というドラマが放映されました。「日本についての作品を見られるなんて本当に嬉しい」という内容のファンレターをテレビ局に送ると、脚本家の方から「今度ディレクターの佐々木昭一郎さんがチェコに来るので会いませんか」という返信をいただきました。それ以来、佐々木昭一郎さんとは今でも交流していただいています。1991年には、日本で活躍した建築家、ヤン・レツルの苦悩や孤独、愛を描いた『ヤン・レツル物語』が放映されました。この時はエキストラとして撮影にも参加させてもらいました。

※ Joe Hloucha（ヨエ・フロウハ 1881〜1957）
1920年代に日本への旅行記やお伽話などをチェコで紹介した作家。1906年に来日。

※佐々木昭一郎（ささきしょういちろう 1936〜）
イタリア賞、国際エミー賞、文化庁芸術祭など国内、海外で数々の受賞歴を誇るドラマ演出家、映像作家。主な作品に寺山修司脚本のラジオドラマ『コメット・イケヤ』や、『さすらい』『紅い花』『四季・ユートピアノ』など多数。

※Jan Letzel（ヤン・レツル 1880〜1925）
明治末期から大正にかけ主に日本で活動したチェコ人建築家。カレル・ヤン・ホラと共に「レツル　エンド　ホラ合資会社」を設立。数々の建物の設計をするが、ほとんどが地震・戦災・火災により消失し現存していない。代表的な作品に広島県物産陳列館（現在の原爆ドーム）、聖心女子学院校舎（関東大震災で倒壊のため正門のみ現存）など。

---ヤン・レツルが広島県物産陳列館(現在の原爆ドーム)を設計したのはチェコ好きの中では知られた話ですが、チェコ人の建築家って結構日本に来ていますよね。

そうですね、帝国ホテル設計施工助手としてフランク・ロイド・ライトと共に来日したアントニーン・レイモンド。他にもベドジフ・フォイエルシュタイン、ヤン・ヨセフ・スワガー(シュヴァグル)などがいます。
建築関連ではこれまで全然知られていない大発見があったんですよ。ヤン・レツルの手紙で東京の関口教会にルルドの洞窟を作ったという内容が残されているんです。関口教会と言えば、丹下健三が設計した東京カテドラル聖マリア大聖堂が有名ですが、敷地内に確かにルルドの洞窟の岩場が再現されたものがあるんです。
早速問い合わせたのですが、詳しい資料は戦争で焼失してしまっていて結論は出ませんでした。

しかしその後、ヤン・レツル研究の第一人者の方に見せていただいた、古い建築雑誌の中に、関口教会のルルドの洞窟の写真が掲載されていました。そしてその横には「カレル・ヤン・ホラとヤン・レツル合資会社によって建築」というキャプションがあったんです。これを突き止めた時は本当に嬉しかったですね。

それから私はヤン・ヨセフ・スワガー(シュヴァグル)という建築家が好きなのですが、彼は1933年に横浜のカトリック山手教会を設計しています。その教会のステンドグラスの1枚にプラハ城、カレル橋、ヴルタヴァ川が描かれたものがあることは、あまり知られていません。
また、函館の名産品としても知られる、修道院の描かれた缶入りのトラピストバターがあります。渡島当別のトラピスト修道院で作られているのですが、その修道院の設計もスワガーによるものです。

---スワガーの設計したカトリック豊中教会と神戸モスクの近くに昔、住んでいたことがあり、僕もスワガーには少し親近感を抱いています。少し話は戻りますが、ホリーさんは90年代に変化していくチェコをどう見ていましたか?

90年代は外国のものがたくさん入ってきて、やはり私もそういうものに心を奪われました。しかし他方で、昔のものに対する憧れもあり、昔のものが道に捨てられていると、気になってしまいよく拾っていました。叔父が「昔のものは決して悪いものじゃない」とよく言っていたので、その影響もあると思います。また叔父は「ガラクタと骨董は一緒だ」とも言っていました。ガラクタはお金を出さなくても手に入りますけどね(笑)。この先もしチェコに戻ることがあれば、お金を出してでも昔のものを買い集めてしまうと思います。子どもの頃に使っていたものは家庭を感じさせます。70年代は暗いと言われますが、こんなにいいものがあったじゃないかと思うんですよ。

---当時は実際にホリーさんも、暗い時代だと思っていたんですか？

いえ、私自身は暗いと思ったことはありません。暗いというのとはちょっと違いますが、高校に入り、なぜこんなデタラメを勉強しなければならないんだろうとは思っていました。家に帰れば政治家の悪い冗談などを言ったり、ボイスオブアメリカを聞いていたりするのでギャップのようなものを感じていました。

よく覚えているのは、小学校の教室の壁に「勉強する。勉強する。レーニン」という文字が書かれていたことです。でも小学校の入学式の写真を見返してみると、みんなベルボトムを履いていたり、おしゃれな格好をしてるんですよ。普通に70年代でみんなカッコイイんです。

物が少ない、なんてことも思いませんでした。街に出るとたしかに暗かったのかもしれません。でも家の中は全然そんなことはなくて、毎日すごく楽しかったです。

別に外国に行きたいとも思いませんでした。ポーランドやルーマニアなどに行くことがありましたが、食事もチェコのものが一番美味しいと感じていました。

テレビや映画館でもアニメーションなど、観たいものがたくさんやっていたので満たされていたと思います。

とはいえ、高校の時に学校で会合などがあると、チェコスロヴァキア国歌とソ連国歌が流れるんです。ソ連国歌が流れる時には、みんなうんざりした顔でいました。それで先生も一応注意はするんですが、まぁ先生も本当のところは似たようなもんですよ。

授業でも先生は「教科書にはこう書いてあるので、こう教えます」と言うんです。以心伝心というか、空気感でデタラメなことは感じとっていました。

今思い返してもあの時代は本当に面白かった。あの時代を体験してよかったと思います。それにあの時代があったから、今でもチェコには古い建物がたくさん残っているのではないかとも思います。もし、もっと早い段階で自由になっていたら、それはそれで資本主義にやられて古い建物も取り壊されたりしていたかもしれません。建物だけではなくアーティストだってそうです。社会主義で密封された時期が何十年間と続いたことで、辛いこともありましたが、「豊かなチェコ」が生まれたとも思えます。

Petr Holý

Petr Holý（ペトル・ホリー
1972年チェコスロヴァキア
〈現チェコ共和国〉生まれ）
「チェコ蔵」chekogura.com主宰。ヤン・シュヴァンクマイエルの映画字幕作成を始め、書籍翻訳、通訳等さまざまな形でチェコ文化を日本に伝える第一人者として活躍中。早稲田大学演劇博物館招聘研究員。

キュビズム建築とダンシングビル

プラハは様々な建築様式の建物が林立していることでも有名なのですが、あまり建築のことなどに詳しくなくても街を歩いていると「んん?」となってしまう建物があります。そのひとつがキュビズム建築です。

ヨゼフ・ホホルによるネクラノヴァ集合住宅。キュビズム建築の中でも特に好きな建築です。住んでみたい。

こちらも同じくヨゼフ・ホホルによるコヴァジョヴィチ邸。

キュビズムといえば20世紀初頭にピカソらが中心になって起こった美術運動です。ただキュビズムが建築に応用されたのは世界でチェコだけなんです。100年ほど経っているわけですが、歴史的な建物が数多く残るプラハでは、随分と新しい部類に入ります。

キュビズム建築は、プラハの中心地から少し南に行ったヴィシェフラットという地区でまとまって見ることができるので、散歩コースにおすすめです。住宅街を歩いていると突然ギザギザ、カクカクしたパターンが目に飛び込んできてびっくりしますが不思議な魅力がありますよ。

旧市街にあるヨゼフ・ゴチャールによる黒い聖母の家。
1階には復刻したキュビズム製品を売るショップがあります。

そしてそこからもほど近いイラーセク橋のたもとにあるのが、1996年に建てられたダンシング・ビルです。カップルがダンスを踊っているように見えるこのデザインは、あまりの斬新さから当初は反対の声も大きかったそうですが、今ではヴルタヴァ川沿いのランドマークのひとつとなっています。ダンシング・ビルを見るたびに「中に入りたいなぁ」とずっと思っていたのですが、オフィスとして使用されていたため、最上階の高級フレンチにでも行かない限り中に入ることができませんでした。しかし少し前からギャラリーなどができ、屋上にも登れるようになりました。なんにも知らないフリして勝手に入ろうとし、警備の人に幾度となく止められたのは良い思い出です。

DO VÝŠIN STOVĚŽATÉ PRAHY

百塔の街、プラハ　高いところに登ろう

「買わずに後悔するぐらいなら、買って後悔する」など、
旅をする上で自分の中で決めているルールがいくつかあります。
そのうちのひとつに「高いところには登る」というものがありまして、
チェコでもいろいろな街を訪れたのですが、
塔などを見つけるとなるべく登るようにしています。
首都プラハは「百塔の街」と形容されるほど、街中に塔が林立して
いるため、全部に登るとなるとなかなか大変です。
なので、3つのおすすめポイントを紹介します。

ペトシーンの丘からプラハを一望

プラハ城とカレル橋、そしてオレンジ色の屋根が美しい旧市街の街並みを一望できるスポット。それがペトシーンの丘です。ウーイェスト駅からケーブルカーで丘の上まであがると、そこにはパリのエッフェル塔を模したタワーがあります。全長64メートルと高くはありませんが、実はエッフェル塔に似ているのは形だけではなく、丘の下からの塔のてっぺんまででだいたい300メートルぐらいになるので高さも同じぐらいなんだそうです。

大人　120 コルナ
子供　　65 コルナ
主に高齢者や車椅子の方向けのエレベーターもありますが、そちらは入場料とは別に料金が必要です。

展望台までは299段あるらせん階段を登っていくことになります。これがなかなか大変ですが、展望台に到達したときの達成感と眺めは本当に最高ですよ。
塔を登ったあとはプラハ城の方まで続く散策ルートを歩いて行くのもおすすめです。

カレル橋の橋塔からの眺め

カレル橋というとプラハ城と並んでプラハの超有名観光スポットです。そのためいつ行っても人でごった返しているのですが、意外な穴場があります。それがカレル橋のたもとにある橋塔です。旧市街広場側からカレル橋に入るところに塔があるのですが、入り口がわかりにくいからなのか、橋の上に比べると観光客も少なくおすすめです。真下にカレル橋、少し向こうにプラハ城という絵画のような眺めが堪能できますよ。こちらもエレベーターはないので階段でどうぞ。

塔の脇にあるわかりにくい入り口から上に登るとチケット売り場があります。眺めの良い撮影スポットですが人は少なく穴場です。

生まれ変わったプラハのテレビ塔

1992年に建てられた216メートルのテレビ塔は、ただでさえ特異な見た目だというのに、塔のあちらこちらに黒い赤ちゃんの像がくっついています。これは建設当時からあったものではなく、2000年に彫刻家のダヴィド・チェルニーが製作し、一時的なものとして展示される予定だったのですが好評だったため、現在でもそのままとなっています。ちなみにこの赤ちゃんの像は、カレル橋近くのカンパ島に、実物と同じサイズで青銅製のものが3体展示されています。2011〜2012年にかけてテレビ塔内部が全面改装され、有名なチェコの建築家や芸術家によって生まれ変わり、レストランやホテルなどもできました。それまでは本当に抜け殻のようで酷かったのですが、今ではかなりスタイリッシュに変貌しています。ただし、チェコで最も高い建物、最も高い展望台ではあるのですが旧市街からは少し離れているので前の2つに比べると眺めはいまいちかも。建物自体のポテンシャルはなかなかのものなのでそこを楽しみに行ってみてください。

テレビ塔にくっついている赤ちゃんの像とほぼ同じものがカンパ・ミュージアムのすぐ横に飾られています。至近距離で見るとかなり衝撃的です。

地上93メートルの展望台には吊り下げ式のボールチェアが。テレビ塔の雰囲気にとてもマッチしています。

地上66メートル地点の展望台にはレストランと1室のみとなるホテルがあります。

PRAŽSKÁ ZOOLOGICKÁ ZAHRADA

プラハ動物園

「プラハの動物園は結構おもしろい」というのは噂には聞いていたのですが、昔懐かしい古き良き動物園の姿を勝手に想像していたため、これまで訪れたことはありませんでした。日本でもそんなに動物園に頻繁に行くようなことはないので、最近の動物園事情もあまりよく知らず過度な期待もせずに行ってみたのですが、すっかりプラハ動物園の虜になってしまいました。

入り口を入るとすぐにワオキツネザルの展示ゾーンがあり、仕切りの扉を開けて中に入るとまさかの至近距離にワオキツネザルが登場です。仕切りの内側で放し飼いにされているので、僕とワオキツネザルの間には柵もなにもありません。

もちろん触ったり勝手に餌をやってはいけません、という忠告の看板はありますが、手を伸ばせばすぐに触れられる距離です。ただ信頼関係だけで成り立っているのです。この動物たちとの近さにはとても感動しました。これまでワオキツネザルに対して一切なんの感情も持っていませんでしたが、物理的な接近により、心理的な距離も一気に近づき大好きになりました(もし引っ掻かれてたりしたら一生恨んだと思いますが)。

ホッキョクグマが逃げ出したのかと思ったらイヌでした。プラハ動物園はペットも一緒に入場できます。

仕切りもガラスなので、ヒョウやゴリラまでもわずか数十センチ。

ペンギンは絵になるかわいらしさ。なのでたくさん絵になっています。

ゾウのエリアは特に力が入っていて、広い敷地にたくさんのゾウが悠々と過ごしていました。

プラハ動物園は自分が想像していたよりも遥かに洗練されていて、動物たちの種類も多いのですが、何より驚いたのはその展示方法でした。小さなスペースや狭い檻がいくつも並ぶような窮屈さはなく、まるで動物たちの生活の中におじゃまさせてもらっているような雰囲気なのです。展示場所には鉄の柵も少なく、ガラスで仕切られているため動物たちの姿が見えやすいので、大人も子どもも大喜びで動物たちを眺めていました。また、動物たちのいるスペースだけでなくパビリオンやトイレ、休憩所なども自然と共存するようなデザインが施されているのも好感が持てます。

```
Zoologická zahrada hl. m. Prahy
U Trojského zámku 3 Praha 7
毎日  9:00 ～ 16:00 (11月、12月、1月、2月)
毎日  9:00 ～ 17:00 (3月)
毎日  9:00 ～ 18:00 (4月、5月、9月、10月)
毎日  9:00 ～ 19:00 (6月、7月、8月)
大人 200 コルナ  子供 150 コルナ (3歳以下無料)
```

58ヘクタールの広さに645種、4100以上の動物が飼育されています。年間100万人以上の人が訪れているそうで、僕が訪れた日も来場者数が軽く1万人を超えていました。

PROCHÁZKA VYŠEHRADSKÝM HŘBITOVEM

ヴィシェフラットで墓地散策

プラハの中心地から南の方へ少し離れたところにヴィシェフラットという場所があります。チェコを代表する作曲家スメタナの作品で、『モルダウ』が有名な交響詩「我が祖国」の第一楽章でも取り上げています。また、スメタナの作品に『リブシェ』というオペラがありますが、リブシェとは、チェコの伝説に登場する王女で、彼女が住んでいた場所とされるのもこのヴィシェフラットなんです。
高台になっていて見晴らしもよく、ヴルタヴァ川やプラハ城を眺めも抜群なのですがなんといってもここにはお墓があります。
唐突に「お墓」と言われてもピンと来ないと思いますが、このヴィシェフラット民族墓地は必見です。
日本でお墓というと当然お墓参りや少し霊的な怖い雰囲気が漂いますが、ここはもはや観光名所のようになっています。

僕も最初にお墓が観光スポットになっていると話を聞いた時は、なんとなく不謹慎な感じがしていました。でもチェコをはじめヨーロッパでは親族ではない方のお墓参りをするのは特別なことでもなんでもなく、実際に訪れてみると地元の人の散歩コースになっていたり、観光客がたくさんいたりします。墓地というものが日本よりもずっと身近な存在なのだと思い知らされました。

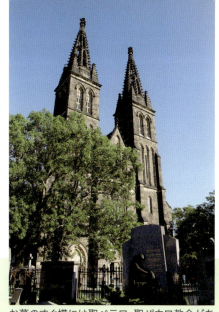

お墓のすぐ横には聖ペテロ・聖パウロ教会があります。これがヴィシェフラットのランドマークの様相を呈しています。

ここにはどういったチェコの有名人のお墓が集まっているかというと、先ほど触れたスメタナやドヴォルザーク（ドヴォジャーク）、カレル・チャペックやミコラーシュ・アレシュ、カレル・タイゲなど。音楽家、芸術家、作家、歌手、俳優など様々な方が眠っています。人によってそれぞれ独特のデザインの墓石があり、美術館さながらの様相を呈しています。有名人のお墓だからお参りをする、というだけでなく、墓地を歩きながら興味深い墓石を見つけたら、その人がどういう人物だったのかを紐解くというのも趣深いですね。

チェコを代表する詩人、シュルレアリスト ヴィーチェスラフ・ネズヴァルのお墓。

チェコの小説家で500コルナ札の肖像画にも描かれているボジェナ・ニェムツォヴァーのお墓。

チェコのチャップリンとも称されるヴラスタ・ブリアンのお墓にはファンが小石でハートマークを作って置いていました。

誰もが聞いたことがあるであろう『モルダウ(ヴルタヴァ)』やオペラ『売られた花嫁』の作曲者として世界的に有名なスメタナのお墓。

スメタナと同じく誰もが知っている作曲家ドヴォルザーク(ドヴォジャーク)のお墓もあります。

『ダーシェンカ』などでもおなじみ、チェコの国民的作家、カレル・チャペックのお墓は本の形をしています。

チェコの詩人で数々の絵本原作を残したフランチシェク・フルビーンのお墓。シンプルで庭のようなデザインが人柄を物語っています。

チェコの絵本の歴史を遡ると避けては通れない重要人物。ミコラーシュ・アレシュのお墓。

スパルタ・プラハを観に行こう　SPARTA, DO TOHO!

買い付けでチェコを訪れていると、平日はガラクタ屋だったり古本屋だったりをまわって過ごすことになります。そして週末になると早朝から蚤の市に行くわけですが、昼には終わってしまいます。

午後からは買い付けで行きたい店などは開いてないので、手持ちぶさたになってしまうのですが、そんな時に僕がすることといえば、スパルタ・プラハのWEBサイトのチェックです。

スパルタ・プラハというのはプラハを本拠地にしたサッカーチームで、かつてはネドベド、チェフ、ロシツキーなんて有名選手も所属したチェコ随一の人気チームです。サイトを見ると対戦スケジュールが記載されていて、プラハでのホームゲームの場合はレトナースタジアム(現在の名称はネーミングライツによりGENERALI　Arena)というスタジアムで開催されているので夕方からはサッカー観戦に行きます。

ちびっこサポーターの夢は大きくなったらスパルタに入団すること。かも？

このスタジアムではチェコ代表の試合を開催していることもあります。

スタジアムは中心地から近くて地下鉄やトラムでも行きやすく、その名の通りスパルタという停留所がスタジアムのすぐそばなのでとても便利です。人気のチームとはいえ、なかなかスタジアムが満員ということはあまりないようで、いつも試合開始の少し前に到着して当日券を買っています。世界的に見ても有名なリーグなわけでもなく、日本人選手が所属していたりするということもないですが、売店でビールと食べ物などを買ってのんびりとサッカー観戦というのもなかなかいいもんですよ。

コミュニズムミュージアム （共産主義博物館）

プラハの中心地を歩いているとマトリョーシカが牙を剥いたイラストや、モスクワオリンピックのキャラクター・こぐまのミーシャが銃を持ったイラストの広告が目に飛び込んできて、ギョッとする事があります。

実はこれはコミュニズムミュージアムの広告ポスターなんです。共産主義時代の写真や映像が見られるのはもちろん、当時の学校の教室やお店などいろいろな空間が再現されていて、当時の生活の雰囲気を感じることができます。

エントランスにはレーニンの像が。ちなみに横に立てかけられているポスターはボフミル・シュチェパーンが手がけたものでマニア垂涎の一品です。

Muzeum komunismu
Na Příkopě 10 Praha 1
月〜日　9:00 〜 21:00
※12月24日は休館
大人　190 コルナ
学生　150 コルナ

当時の工場の様子や、学校の教室が再現されています。

プラハの春への弾圧などについて
写真やビデオで紹介されています。

蚤の市やガラクタ屋で見かけたようなものが、実際にどのように生活の中に配されていたのかを見て「なるほど」と感心したり。忠実に再現された取り調べ室や防護服をまとったマネキンなどを見て暗い気持ちになったりと、共産主義時代の生活、出来事が一気にリアルになります。
1960年代に民主化の機運が高まるなか、1968年にソ連軍率いるワルシャワ条約機構軍の軍事介入があり、デモが行われていたヴァーツラフ広場に戦車が侵入しました。それはコミュニズムミュージアムのある場所から少しも離れていません。
ここを訪れてから今のヴァーツラフ広場を歩くと、すこし景色が変わって見えるかもしれません。

カレル・ゼマンの世界へようこそ

チェコのアニメーション作家にカレル・ゼマンという人物がいます。有名なのでご存知の方も多いと思いますが、チェコの特撮映画の巨匠です。代表作に『悪魔の発明』『盗まれた飛行船』といったジュール・ベルヌ原作の作品や『クラバート』といった作品があります。

カレル・ゼマン　ミュージアムがオープンしたのは2012年と比較的最近で、カレル橋のすぐ近くとアクセスもよいわりに、カレル橋の騒がしさが嘘のように落ち着いて作品世界を堪能することができる穴場スポットになっています。

入り口で、展示物や作品についての解説を見ることができるタブレットを貸してもらえます。日本語表示も可能です。

館内には撮影に使われた人形や衣装などの展示はもちろん、特撮を実際に体験することができるところもあります。まるで手品のタネ明かしを見るような楽しさもありますよ。

そんなわけで、カレル・ゼマンをあまり知らない、名前ぐらいは知ってるけど……という方でも充分に楽しめるようになっています。

ここを訪れてから改めて作品をみると、さらに楽しさが増すと思います。

『前世紀探検』に登場するマンモスがお出迎え。

こちらは特撮の仕掛けを体験できるようになっています。実際に乗って背景を動かすと空を飛んでいるような気分が味わえますよ。

『悪魔の発明』の一場面を実物大で再現した展示も。作品の世界に入り込んでしまったような感覚に陥るところがいくつもあります。

Karel Zeman Museum
Saský dvůr – Saská 3 Praha 1
月〜日　10:00〜19:00　(最終入場は18:00)
※12月24日、25日、1月1日は休館
大人 200 コルナ　子供 140 コルナ
※身長100cm以下の子供無料

ヨゼフ・ラダの故郷、フルシツェ

ヨゼフ・ラダはチェコ絵本の礎とも言える最重要人物で、挿絵画家としてだけではなく、チェコで初めて子どものためにイラストとお話の両方を手がけました。その作風は、後の絵本作家に計り知れない大きな影響を与えています。

輪郭のハッキリとした線で描かれるイラストは、一目見てラダのイラストだとわかります。牧歌的で素朴な絵柄と優しい色彩、擬人化された動物たちがコミカルに描かれた作品が多いのも特徴的です。

Josef Lada
(ヨゼフ・ラダ 1887〜1957)

HRUSICE – RODIŠTĚ JOSEFA LADY

ようこそ、ラダの街「フルシツェ」へ

フルシツェには本当にラダの絵本に出てくるような牧歌的な風景が広がっていて、派手さこそないものの自分が知らない間にその世界に迷い込んでしまったような気分になります。

フルシツェの案内地図も
ヨゼフ・ラダのイラスト風。

ヨゼフ・ラダの生まれ故郷であるフルシツェという小さな村には
ヨゼフ・ラダ記念館があり、原画や出版された本などが展示され
ています。チェコ絵本を主に取り扱う僕にとっては聖地のような
場所なので巡礼したのですが、なかなか訪れにくい場所でした。

プラハから40キロほど離れた場所にあり、まず電車でミロショ
ヴィツェまで1時間。そこからフルシツェの中心地までは徒歩で
20分ほどかかります。距離的にはさほど遠いわけではないのです
が、最寄りの駅は隣の村なので、フルシツェの中心部まで特にこ
れといった目印もないような田舎道を歩くため少し不安になりま
す。人もほとんどいません。しかしその不安な道を進んでいくと、
見慣れたイラストが歓迎してくれます。

ヨゼフ・ラダ記念館は普通の家のような外観ですが、そのまわりにはラダの絵本から飛び出したような動物たちの像があります。僕が訪れた時は街にはそんなにたくさんのお客さんがいる様子もなかったのですが、それでも5名ほどが待っていて、時間が来るとガイドの案内のもと中を見学させてもらいました。ここまでラダの原画をいっぺんに見られる機会はなかなかないので、わざわざ訪れる価値はありますよ。それに日本語の説明ガイドも貸してもらえるので安心です。

他にもいろいろなところでラダの
イラストを見かけます。

Památník Josefa Lady a jeho dcery Aleny
Hrusice č.p. 115 Senohraby
水〜日 9:30 〜 12:00 / 12:30 〜 16:30
月、火 休館
大人 65 コルナ
子供 50 コルナ ※3歳以下無料

世界中で翻訳出版されたラダの絵本がズラリ。
日本語の絵本もありました。

ラダはヴォドニークという水の精霊(日本でいうカッパ)のイラストも描いています。原画や人形が展示されていました。等身大のヴォドニークはほんとに気持ち悪いです。

ラダが実際に使用していた画材やメガネなんかも展示されています。

娘のアレナ・ラドヴァーも絵本をたくさん手がけており、おなじく原画が展示されています。

あの絵のモデルとなったホスポダ

せっかくフルシツェまで来たなら、ラダ記念館と同様に必ず訪れて欲しいのがホスポダ ウ セイクーです。向かい合うように2軒ならんだホスポダは、どちらも中に入ると壁一面にラダのイラストがあふれています。
実はここはラダのイラスト『酒場の喧嘩』の絵のモデルとなったホスポダで、これこそ本当に作品世界に入ったような感覚になります。

Hospoda U SEJKŮ
Hrusice 25 Hrusice
月〜日　11:00 〜 23:00

KOSTNICE V SEDLCI U KUTNÉ HORY

クトナー・ホラ セドレツ納骨堂

プラハから片道1時間ほどのところに、クトナー・ホラという小さな町があります。
クトナー・ホラの聖バルボラ教会のある歴史地区とセドレツの聖母マリア大聖堂は世界遺産にも登録されており、プラハから比較的行きやすいこともあって観光客も多いです。
ここには1軒いい古本屋があるのでたまに訪れていました。この町には「骨の教会」があるぞと聞かされていました。今まで行ったことがなかったのですが、今回はじめて訪れて、あまりの凄さに圧倒されてしまいました。

セドレツ納骨堂は聖母マリア大聖堂のすぐそばにあります。
納骨堂の入り口を入るとすぐに地下に降りる階段があるのですが、見下ろす形になるので、納骨堂内がおびただしい数の人骨で装飾されている光景を、すぐに目の当たりにすることとなります。
いったいどういう経緯でこのような場所ができたのでしょうか。こんな言い伝えがあります。13世紀にエルサレムから帰還した修道院長が、持ち帰ったゴルゴダの丘の土をこの墓地に振りまいたことで、神聖な場所として知られ、たくさんの人々がここに埋葬を希望するようになったそうです。

その後ペストの流行やフス戦争があり、およそ40000人の死者がこの地に埋葬されました。そのため墓地の面積は拡大していましたが、あまりの多さに1400年に埋葬地が廃止され、遺骨のために礼拝堂が建てられることになりました。
そして1870年、木彫師フランチシェク・リントによって、人間の頭蓋骨と他の骨からできた驚異的な装飾の制作が開始されました。

10000人の人骨を使い、巨大なシャンデリアや十字架、聖杯、聖体顕示台の他に、人体各部の骨を用いて作られたシュヴァルツェンベルク家の大きな紋章などが制作され、今も残っているというわけです。
もう見渡す限りの骨！骨！骨！ 納骨堂内の装飾がすべて人間の骨でできているのかと思うと、今までに感じたことのない不思議な気持ちになります。しかし数分もすれば、慣れてしまって普通に記念撮影をしている自分もいるのです。
さらに慣れを通り越すと「骨酔い」をしてくるので注意が必要です。

Kostnice - Sedlec
Zámecká 279 Kutná Hora - Sedlec
月〜土　9:00 〜 16:00（11、2月）
　　　　8:00 〜 18:00（4〜9月）
　　　　9:00 〜 17:00（10、3月）
日曜　　9:00 〜 18:00
※12月24日は休館
入場料 90 コルナ

チェコ雑貨の魅力は何ですか？　と聞かれることがよくあります。

チェコスロヴァキアという国名や共産主義、
東欧という言葉からは、暗いイメージが連想されがちです。

しかし実際にチェコを訪れて昔のものに触れると、
意外にも明るい色合いでポップなもの、かわいらしい
キャラクターの描かれたようなものが多く、いい意味で期待を裏切られます。

このギャップこそが僕がチェコの雑貨に魅力を感じた一番の理由です。

特に60年代には、今でもまったく見劣りしない
素晴らしいデザインのものがたくさん生みだされました。
チェコではそれらが再評価されるようになったのも最近のことです。
そしてそういったものは日本ではまだまだ知られていません。

本章では60年代に生まれたチェコの素晴らしいデザイン、
そして今それを踏襲して生み出されたもの、
さらに100年近く続く工場で作られるものについて、
時代と時代を繋ぐ魅力的なものを紹介します。

ブリュッセルスタイル

ブリュッセルといえばベルギーの都市。
チェコで「ブリュッセル」と言われても、「なんで?」と思うでしょう。
ずいぶん前のことですが、蚤の市でとある花瓶や器に一目惚れし、店主に値段を尋ねました。お世辞にも状態が良いとは言えないようなものだったので、安いだろうとタカを括っていたのですが、返ってきた答えは想像の10倍以上もの金額……。
僕がただただ驚いた顔をしていると、店主は一言、「ブリュッセル」と言い放ちました。
ああ、なるほど。チェコ製のものではなくて外国製のものだから高いのか、とよく見てみるとMade in Czechoslovakiaの文字が。こいつは騙そうとしている、ボッタクリだ。と即時に判断してなかばケンカのようになり購入はあきらめたのですが、実は悪いのは完全に僕の方だったのです。

BRUSELSKÝ STYL

いったいチェコとブリュッセルになんの関係があるのか。その答えは1958年まで遡ります。その年、ベルギーのブリュッセルでは万国博覧会が開催されました。チェコスロヴァキアのパビリオンはこの万博において最優秀パビリオン賞を受賞し、展示品も数々の賞をとるなどたくさんの注目を集めました。
これはスターリン主義から約10年後の、本格的な創作活動に対する揺り戻しのようなもので、数々の芸術家、建築家などが意欲的に取り組んだ結果が、実際に驚異的な成功という最高の結果に結びついたのです。

ただ、製作された数々のものは、当時の人たちが思い描いた未来の「夢」のようなものだったのです。

万博開催当時のチェコの製品は、グレーで濃淡の無い、薄暗い雰囲気のものばかりでした。しかし1958年の万博に向けて、チェコ当局が当時のデザイナーたちに発注したコンセプトは「ここにあるものより素晴らしいものを作れ」ということでした。当時の政治状況とは矛盾していましたが、デザイナーたちはこれまでの抑圧を一気に解放するように、カラフルなパステルカラーや、宇宙飛行に目を向けていた当時の流行に沿った流線型デザインのものなどを次々と生み出しました。

そのため実際に量産、製品化するのは困難なものもたくさんありましたが、それらはコンセプトデザインとして大きな影響を持ち、民主化の機運が高まる時代の空気とも相まって、自由で斬新なすばらしいデザインのものがいくつも生まれました。

ブリュッセルスタイルのデザインは近年特に注目を集め、蚤の市やガラクタ屋でも出会う機会が少なく、値段もすごく高くなってしまいました。

チェコスロヴァキアパビリオンのレストランは移設され、プラハのレトナーにあります。

『EXPO58 Světová výstava v Bruselu』
Jindřich Santar
1961

1958年のブリュッセル万国博覧会の回顧録的な書籍で、たくさんの写真で当時の様子を鮮やかに伝えています。

『Bruselský sen』
Arbor vitae
2008

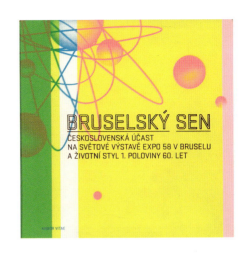

ブリュッセルの夢

ブリュッセルスタイルの様々なデザインが注目をあつめるようになったのは、ブリュッセル万国博覧会からちょうど50年となる2008年にプラハで開催された、大規模な回顧展がきっかけになっています。この展示では、美術館、個人のコレクターなどが所蔵する、ブリュッセルスタイルの展示品が600点以上も一堂に集められました。不規則な幾何学模様や、スペイシーでダイナミックなラウンドを配した斬新なデザインは、とても50年以上前に考えられたものとは思えません。

それ以降の芸術、産業、ファッションやライフスタイルに多大な影響を与えたことがはっきりと見て取れます。実はデザイン関連の業界人、コレクターやアンティークなどを扱う人たちにとっては、この時代のものは既に注目されていました。しかし、まだまだ一般的ではなかったブリュッセルスタイル、チェコスロヴァキアのデザインというものに光を当てたのは大きな功績だと思います。

ヤロスラフ・イェジェックの磁器

ブリュッセルスタイルでチェコの雑貨といえば、絶対に避けて通ることができないのが、ヤロスラフ・イェジェックの存在です。蚤の市やアンティークショップでひときわ異彩を放つデザインの食器を見かけると、まず間違いなく彼の作品なのです。

イェジェックはチェコを代表する磁器のデザイナーでコーヒーセットやダイニングセットなどを52種類、磁器でできた動物のフィギュアやオブジェを100種類以上制作しています。今でも非常に人気が高く、コレクターが多いことでも知られています。
チェコの有名な作曲家に同じ名前の人物がいますが、デザイナーのイェジェックは作曲家のイェジェックの甥にあたります。

1958年のブリュッセル万国博覧会で展示された、『牝馬と種牡馬たち』という名の磁器製フィギュアと、『エルカ』という名の磁器製のコーヒーセットで2つのグランプリを獲得しています。
名実共にチェコを代表するデザイナーとして活躍し、数々の受賞歴があるイェジェックの作風は、その後のチェコの磁器デザインに大きな影響を与えています。

イェジェックが手がけた磁器製の
動物フィギュア。

よみがえるチェコスロヴァキアデザイン
VZKŘÍŠENÍ ČESKOSLOVENSKÉHO DESIGNU

展覧会「Bruselský sen」への展示品の提供、また自らが主催するデザインスタジオ「オルゴイ・ホルホイ」として会場の設計など、展示に大きく関わっているミハル・フロニェックさんにお話を伺いました。

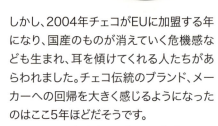

Michal Froněk

20歳前後くらいから、ブリュッセルスタイルのものを集め始めたというフロニェックさん。1989年のビロード革命の直後、モラヴィア地方のヴァラシュスケー・メジジーチーという町にあった国産の照明メーカーが廃業したことを聞きつけ、100点以上の照明器具を引き取ったそう。その頃から60年代のデザインに注目していた人はかなり少ないです。

1990年にオルゴイ・ホルホイというデザインスタジオをスタートし、それ以来ずっと、チェコスロヴァキアデザイン、伝統的職人の技術は素晴らしいということを訴え続けてきましたが、90年代はまったく受け入れられませんでした。

しかし、2004年チェコがEUに加盟する年になり、国産のものが消えていく危機感なども生まれ、耳を傾けてくれる人たちがあらわれました。チェコ伝統のブランド、メーカーへの回帰を大きく感じるようになったのはここ5年ほどだそうです。

フロニェックさんはプロのデザイナーとして、革命の直後から、小さくても優秀な会社、工房、職人を見つけることに注力し、協力してなにか仕事ができないかとずっと考えてきた数少ない人です。彼のような人がいなければ、チェコの素晴らしいデザインや技術はただ忘れられていったかもしれません。

現在はチェコの時計メーカーPRIM、家具メーカーTON、刃物のメーカーMIKOVなど、チェコの伝統的なものづくりと大きく関わる企業と一緒に仕事をしています。

待ち合わせ場所からフロニェックさんのスタジオまで、TatraT603で送っていただきました。ひとときの政府高官気分。目立ちまくり写真撮られまくりです。

Tatra T603 とは

TatraT603とは、チェコスロヴァキアの自動車会社Tatra社が製造した高級車です。当時の政府高官や工場幹部のみがこの車を使用することができました。T603のベースとなる流線型の車があったのですが、1952年に製造中止になります。そしてTatra社は重労働用のトラックのみを生産するよう通達され、高級車はソ連からチェコスロヴァキアへ輸入されるようになりました。

しかしトラックのみの生産を義務付けられたにも関わらず、数人の技術者は秘密裏にT603の開発をしていました。1953年にスターリンが亡くなり、政府はソ連製の車の品質の低さに辟易していた事もあり、新しい高級車の開発をTatra社に命じました。こうして秘密裏に行われていたそれまでの作業に、お墨付きが与えられた、という経緯があります。

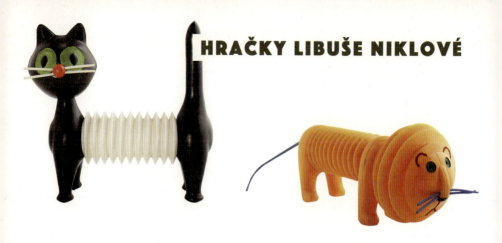

HRAČKY LIBUŠE NIKLOVÉ

リブシェ・ニクロヴァーのおもちゃ

リブシェ・ニクロヴァーというおもちゃのデザイナーがいます。
1960〜70年代に活躍したデザイナーで、
2010年には彼女のデザインしたおもちゃを集めた
展示が開催され好評を博しました。
チェコのおもちゃというと木や紙で出来たものや、
ぬいぐるみなどを思い浮かべる人が多いと思うのですが、
ニクロヴァーがデザインしたおもちゃは、
ソフビ人形や空気を入れて膨らます
ビニール人形などがほとんどです。

60年代に入って、これまでは使われることのなかったポリエチレン、PVCといったプラスチック素材が登場し、安価で製造できる上にカラフルで軽量。しかも汚れても簡単に洗えるという利便性の高さから爆発的に生産されるようになりました。プラスチック素材を使ったおもちゃを制作していたGumotex社とFatra社、ニクロヴァーはこの両社でデザインを担当し、次々とおもちゃを制作しました。子どもがまたがって遊ぶことのできる、空気を入れて膨らますビニール人形はバッファローやゾウ、キリンなど様々な種類のものが作られました。これまでに全然馴染みのない素材であったにもかかわらず、イマジネーション豊かで、技術的にも完成度が高いおもちゃが生み出されたことは、奇跡と言っても過言ではありません。それを裏付けるかのように、ニクロヴァーがデザインしたおもちゃは今ではニューヨークのMOMAに収蔵されています。

ニクロヴァーがデザインしたソフビ人形は独特のフォルムで、ひと目みればすぐに彼女のデザインとわかります。

また、ニクロヴァーのアイコン的な存在となっている「アコーディオンキャット」というおもちゃは、今ではコレクターズアイテムとなってしまっています。ネコ以外にもイヌ、ライオン、トラなど数種類が存在します。幾何学的な表現で立体に構成された動物たちは、子どものために作られたことを忘れてしまうほどスタイリッシュなデザインです。言うまでもありませんが、ニクロヴァーはグラフィックデザインの分野でも秀でていたので、製品のパッケージデザインも素晴らしいものでした。

天然素材しかなかった時代からプラスチック素材が登場する。そんな新しい時代の幕開けに、ニクロヴァーはパイオニア的な作品を数々を生み出しました。しかし1981年、まだ47歳という若さで惜しまれながらこの世を去りました。短い期間にこれだけの功績を残した人が、もし存命であればどんな作品が生み出されていただろう、と考えると残念でなりません。

dm³ dechu
Libuše Niklové

ハヴィージョフ駅を救え

ブリュッセル万国博覧会に関連する取材のために情報を集めていたとき、友人の住むオストラヴァで、ブリュッセルスタイルの建築についての展示が開催されていることを知り、足を運びました。展示は主に写真パネルで、近隣の建築物でブリュッセルスタイルの影響下にあるものを紹介していました。その中で特に目を引いたのがオストラヴァ近郊のハヴィージョフ駅でした。ヨゼフ・フレイセムノウが設計し1964年から1969年の間に建設された、ブリュッセルスタイルの建築です。

当然ですが、駅なので実際に中に入ることができます。広く開放的なスペースでまわりを見渡すと、外観から内装、装飾壁画に至るまで、ため息が出るほどの美しいデザインにただただ圧倒されます。しかし、なんとチェコ鉄道は老朽化を理由にハヴィージョフ駅の取り壊しを決定しました。多くの建築家、美術史家などがこの決定に抗議し、現在は取り壊しの予定はストップしていますが、この先どうなるかはわかりません……。

ハヴィージョフ駅。
外観も美しい。

モザイクガラスでできた大きな壁画はヴラジミール・コペツキーによるもの。

オストラヴァ芸術館での写真展。ブリュッセルスタイルは建築設計にも大きな影響を与えました。

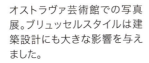

オストラヴァ　ヴィートコヴィツェの駅舎もブリュッセルスタイルの建築物として知られています。

イェシチェットが呼んでいる

店を始めてチェコに行くようになってからというもの、懇意にしている古本屋があることもあり、リベレツという町を必ず訪れていました。

リベレツへはプラハからバスで1時間ほど。高速道路を通って行くのですが、ある日ぼんやり外を眺めていると、山の頂上にUFOが停まっていることに気づきました。超常現象的なものはいっさい信じないタイプなのですが、明らかにUFOなのです。

そこで友人にUFOが山の頂上にいた旨を伝えると、「それはイェシチェットだ」と言われました。

イェシチェットというのは山の名前で、頂上には円錐型の塔があります。それがテレビ塔、展望台の役目を果たしていて、さらに塔内には20室のみですがホテルも併設されているということを教わりました。

リベレツへ行くのは古本屋を訪ねるのが目的で、観光などはまったくしたことがなかったので、イェシチェットのことはすっかり忘れていました。

ところが今回、取材でチェコを訪れて、ブリュッセルスタイルのデザインなどを紹介したいという話をしたり、リベレツ方面にも行くという話をしていると、いろんな人に「じゃあ、イェシチェット行くんだね」と言われるのです。
いまいち関連性がよくわかっていなかったのですが、勧められるまま訪れてみるとそこはブリュッセルスタイルの宝庫でした。

まずその外観からしてそうなのですが、中に入るとガラスの装飾や照明など、内装も素晴らしいデザインが施されていました。
もともとはまったく違うデザインの建物が頂上にあったのですが、1963年に火災で消失してしまい、チェコの有名な建築家カレル・フバーチェクによって1966年から建設を開始。1973年にホテルやレストランを含むすべてが完成し、今の姿になりました。リベレツのランドマークとして1012メートル上から町を見下ろしています。

入口のドアも重厚なデザインでかっこいいです。

塔の少し下までは車で行くことができます。

階段を上がるとレストランが。SF映画に登場しそうな内装で、長く連なる窓が印象的です。

ホテルエリアの廊下にはハンギングチェアがあり、誰でも自由に座ることができます。

BOTAS 66 共産主義時代のスニーカーは生まれ変わる

チェコには120年以上もの歴史を持つBaťaという靴の会社があります。世界最大の靴の製造・小売業者としてギネスにも認定されています。
しかし日本ではあまり、というかまったく馴染みがなく、ほとんど販売もされていないため、チェコに行くとよくお店を覗いていました。
そんなある日、出会ったのがスポーツシューズの売り場で異彩を放つ、古い写真などで見たことのある共産主義時代の形をしたスニーカー。ですが当時のものとは違い、カラーリングは鮮やかでカッコよく変貌を遂げています。すっかり魅せられてしまった僕は、大量に買い込んで日本へ持ち帰りました。
それがBOTAS 66という復刻品だと知ったのは後からで、それからプラハを訪れるたびに買い足していき、もうここ数年はほとんどこの靴しか履いていません。

チェコスロヴァキア時代のスニーカーを復刻し、新しい息吹を吹き込んでいるヤン・クロスさんとヤクプ・コロウシュさんにお話を伺いました。

BOTASというのはスクテチという町にある靴の会社です。創業は1949年で、もともとはBOTANAという名前でした。1960年代にスポーツシューズを制作するようになり社名がBOTASへと変更されました。チェコ語で「靴」のことを「BOTA」というのですが、それにスクテチとスポーツの頭文字のSをくっつけてBOTASという名になったのです。そして私たちがベースにしているスニーカー、「BOTAS CLASSIC」が誕生したのが1966年なので、私たちはBOTAS 66という名前でプロダクトを制作し、店を運営しています。

---靴のデザインはお二人でされているんですか？ またどういった経緯でこのBOTAS 66というプロジェクトはスタートしたのでしょうか？

デザインは私たち二人で行っています。私たちはもともと同じプラハ工芸美術大学 工芸美術学科 グラフィックデザイン・ヴィジュアルコミュニケーション学科の同級生でした。まだ学生だった2008年にロスチスラフ・ヴァニェク先生（チェコのグラフィックデザインにおいて高名な教授）にこのプロジェクトで起業するように勧められたのがきっかけです。ちょうどそのころBOTAS社が60周年という節目の年だったのも幸いでした。

というのも、私たちはBOTAS社にまったく連絡することなく、勝手にこのプロジェクトを思案し、自分たちの中でプロダクトデザインを完成させたあとで、BOTAS社を訪ねました。これは大学の授業のうちのひとつだったのです。

---え！ 大学の授業から生まれたものだったんですか？

ヴァニェク先生はこういった授業を行うことでとても有名で、学校の中で勉強をするだけでなく、大学外のスポンサー、施設、会社と常に協力するように、という考えの人でした。

私たちはグラフィックデザインを学んでいたのですが、先生は「じゃ、今日の課題は携帯電話」と突然言い、プロダクトデザインをさせられるということがありました。グラフィックデザインの枠でばかり考えると、顧客のニーズがわからなくなってしまうので、様々なニーズを想像することが、元のグラフィックデザインにも繋がるという教えを持っていました。
しかし、プロダクトデザインを専門に勉強する学科ではないので、実現可能なものだけではなく、独創性を常に意識させられました。

この黒いシューズは、最初に製品を作る際に使用したプロトタイプ。かかとには手描きでロゴマークが描かれています。

Jakub Korouš

Jan Kloss

そのような授業の題材として「スポーツシューズ」が挙げられたのです。靴のデザインか……と最初は戸惑いましたが、なるべく今までにない考えで靴をデザインしようと思いました。

チェコの靴といえばBaťaをはじめ、豊かな歴史があることを誰もが知っています。なので私たちはチェコの会社のものを選び、それをグラフィックデザインと結びつけることができるのではないかと考えました。BOTASというのは会社の名前ですが、チェコでBOTASというと、どのメーカーのものであっても俗語として「スニーカー」という意味を持っています。

2005年に「100 Czech Design Icons」という展示があり、クロノジカルにチェコ製の様々なものが紹介されていたのですが、その中にBOTAS CLASSICも入っていました。私は今33歳なんですが、私よりも少し若い世代になるとBOTAS CLASSICのことをまったく知らないようです。

---それでBOTAS CLASSICを題材にしたわけですね。実際に製品化されるにあたり大変だったことや、印象的だったことはありますか?

革のサンプル。合皮ではなく品質の良い本革を使っています。

BOTAS社は私たちのプロジェクトに興味を持ってくれましたが、実際にどれだけのデザインが採用されるのかは未知数でした。シリーズとしていくつかのデザインを考えたのですが、実際に商品化されるのはその中の数点、あるいはひとつだけなのか……。そこで私たちはたくさんの店舗や販路を持つBaťaに相談をしました。すると彼らはとても興味を持ってくれて、実際かなりの数量を発注してくれました。
それで私たちは2009-2010年の最初のシリーズを制作する事ができたのです。

---確かに僕が最初にBOTAS 66を見たのも2010年のBaťaでした。

ありがとうございます。今につながっていますね(笑)。当時BOTAS社ではスニーカーなどより、スキーやスケートなどのウインタースポーツ向けの靴がメインの商材でした。ですから販路を持つBaťaの協力は大きかったですね。

しかし、Baťaのオーナーがスペイン人に代わり、スペインのものに重きを置くようになってBOTAS 66も扱われなくなってしまいました。

BOTAS社の昔のカタログ。スポーツシューズだけではなくいろいろなものを作っていました。

それで私たちは自分たちでどうにかしなくては、という思いから2010年末にBOTAS 66の店をオープンさせました。

実は昨年、私たちはこの先BOTAS 66を続けるかどうかという大きな判断に迫られていました。過当競争により、販売価格や材料費を抑えるように指示され、シリーズの中でもいくつかのものしか発注をされないという危機的状態だったのです。

---そのような状態からよく2軒目のお店を出せましたね。しかもプラハのなかでもとても良い場所です。

その危機的状態を脱するため、またこの新しい店をオープンさせるためにダリナ・ザヴァディロヴァーが私たちの仲間に加わりました。

彼女はプラハで「designSUPERMARKET」というデザインとファッションの有名なフェスティバルを主催していて、若いデザイナーたちに自らの商品を発表・販売する場を提供しています。今やそういったフェスティバルやイベントはずいぶんと増えましたが、彼女がそれを始めるまでは、そのような機会はありませんでした。彼女のそういった力が私たちの支えにもなっています。

Darina Zavadilová

当時モノのBOTAS CLASSIC。チェコを代表するスポーツシューズです。50年の時を経てよみがえりました。実際に当時の靴を見ると、本当にこの形に対する尊敬の念があることがわかります。

---話は少し戻ってデザインのことについて伺います。BOTAS CLASSICというのはシンプルで靴の形としても、デザインするための素材としても完璧な形のように感じます。BOTAS CLASSICの形はそのまま利用して、パーツごとにカラーリングを変更して再構築するという方法は最初から思いついたのですか？

私たちにとって大事なのは元の形へのオマージュです。そこへの尊敬は消えません。BOTAS CLASSICといえば象徴的なのが中央の太いラインです。これを変えてしまうようなやり方はありえません。

シンプルで完璧な形というのもまさにその通りで、この靴には余計なものがなく、必要なものの組み合わせだけでできています。パーツのつなぎ目を隠すために真ん中のラインが存在しているように、もし何かが欠けていたらバラバラになってしまいます。私たちはそれらをひとつの表面として使い、グラフィックデザインと結びつけることが出来ないかと考えたのです。
どんなカラーリングであっても一目見てBOTAS CLASSICだとわかるのは素晴らしいことだと思います。

ただ当時の靴は幅が狭かったので、広くして履きやすくなるよう改良しました。また当時は材料に合皮が使われていたのですが、品質の良い革に変更するなど、なるべく良い材料を使うようにしました。

最近はBOTAS CLASSICの形だけではなく、バスケットシューズタイプのものも制作しています。これも元々あった形なのですが、本社にも資料が残っていなかったので苦労しました。他にもいろいろな形のものを作りたいと思っています。今は試行錯誤し、これだと思える決定的な瞬間を待っているところです。

---BOTAS 66のデザインから少し広がった話になりますが、「100 Czech Design Icons」の展示があった時期ぐらいから、昔のデザインに目を向けるような機会が増えたように思います。そのような試みはどの国でもありますが、チェコは1989年以前は共産主義時代でした。その時代のものにはいい思い出がないという意見もあると思うのですが、近年再評価の機会が増えたことについてはどう思いますか？

時代の空気というものもあると思います、仮に私たちがもっと早く生まれていて、90年代にBOTAS 66のようなアイデアを形にしていたとしても、誰も見向きもしなかったでしょう。あの頃のチェコの人々は外国のものばかりに目を向けていました。しかし、近年になってやっとチェコスロヴァキア時代にこんな素晴らしいデザインがあったのかと関心をもつようになりました。

私は60年代には生まれていませんが、60年代のスタイル、デザインというのは当時にあって時代を遥かに超越したものだったと感じています。いわゆる「普通のもの」とはかけ離れすぎていて、今振り返って見ても、ただ単純に「その時代の古いもの」とは思えないほど特出しているように感じます。当時はたしかに共産主義でした。デザインされた物のセンスが悪かったり、レベルが低ければ私たちはそれを知る由もなかったと思います。

素晴らしいデザインだったからこそ、背景はどうであれ今も残り、評価されているのだと思います。私たちはそれに今のデザインを加えただけで、基本的なところは60年代にきちんと完成しています。

これはただのレトロ、懐かしい古さというものではありません。そういう類のものであればとっくに忘れ去られているでしょう。

---なるほど、その時代のものだから忌み嫌う。ということではないのですね。

感情とは別です。いいものには残るだけの理由があるのです。

```
BOTAS 66 STORE
Skořepka 4
Praha 1 – Staré Město
月〜土 11:00 〜 19:00
日    11:00 〜 17:00
```

```
BOTAS 66 STORE
Křížkovského 18
Praha 3 – Žižkov
月〜金 14:00 〜 20:00
土    10:00 〜 16:00
日曜定休
```

PAPÍRNICTVÍ TĚLEM I DUŠÍ

チェコの懐かしく新しい文房具 papelote

10年くらい前はスーパーや文房具屋では、チェコスロヴァキア時代の古い文房具がまだ普通に店に並んでいました。僕がチェドックザッカストアを始めたのが2004年で、ちょうどチェコがEUに加盟した年でした。それから年に2～3回のペースで訪れていますが、店で売られている商品はどんどん大量生産のものに変わっていきました。

ノートひとつをとってもツルツルした質感の紙で、表紙には大きく謎のキャラクターが描かれたものや中国製のものなど。古いものが手に入らなくなってしまい、急速に文房具への興味を失くしてしまいました。しかし、2012年にたまたま訪れたプラハのブックフェアでpapeloteと出会い感動したのです。新しくて洗練されたデザインなのだけれど、昔の匂いがする、どこか不思議な懐かしさがある。そう感じた僕の目に狂いはありませんでした。

papeloteというプロジェクトがスタートしたのは2007年。BOTAS 66と同じく、プラハ工芸美術大学の学生だったカテジナ・シャホヴァーさんの卒業制作からすべては始まりました。プロジェクトとしての完成度が高かったpapeloteはそのまま継続し、2009年にプラハに開店したお店は、連日たくさんの人でにぎわっています。デザインに関する受賞歴も多く、チェコのみならずヨーロッパ全体でも高い評価を受けています。

今回はカテジナさんが産休中ということもあり、広報、そして国際取引の窓口役となっていて、僕も大変お世話になっているナターリエ・シクストヴァーさんにお話を伺いました。

Dobrý den!

Natálie Sixtová

---まずはpapeloteのコンセプトやこだわりなどについて伺いたいのですが。

papeloteはチェコスロヴァキア時代の古い文房具にインスピレーションをうけて制作されています。と言っても、ただ昔のものを復刻しているわけではありません。私たちが意識しているのは、「常にチェコの伝統に沿った商品を作る」ということです。
かつて当たり前に存在していたものに、今のデザイン、今できることを加えて新しいものを生み出しています。

ですから材料は基本的にチェコのものを使うようにしています。外国製ならもちろん安いものが手に入りますが、それは使いたくありません。紙やゴムなど、あくまでチェコのものにこだわっています。しかし大変なのはテキスタイルです。

私たちが使いたいと思うデザインのものは、今はもう生産されていないものがほとんどです。倉庫で10年、20年と眠っているデッドストックを買い付けているのですが、古いものなので当然ながら数に限りがあります。
新品と違ってサンプルのカタログなんてありませんから、直接倉庫へ行って使えそうなものをとにかく探すのです。工場自体は今も稼働しているので、現行品を見せられて「これはどう?」なんて提案されたりもするんですが、まぁ良かった試しはないですね(笑)。

私たちが求めているものは、一般的には「ニーズがない」「売れない」と思われているようなものだったりするので、素材探しは本当に大変です。しかしあきらめることなく、チェコ製のすでにあるものを利用して、良いものを作るというのがこだわりです。

こだわりといえばもうひとつ。papeloteの商品は、最初はすべてカテジナによるデザイン、ハンドメイドで作られていました。なので、その方法に対するリスペクトの念から、今でも毎年新商品を発表する際には、ハンドメイドのプロダクトを必ずひとつラインナップの中に入れています。そしてその商品は、他のものを作るときに出た廃材を使うというリサイクルへのこだわりもあります。

最近ではチェコの自動車メーカーŠkodaや、googleなど企業ノベルティの受注制作も数多く手掛けるようになりました。企業にとってこういったプロモーション活動は決して安上がりではありません。しかしデザインへのこだわりや、何よりもチェコ製品へのこだわりが際立つのでとても評判がいいですね。

---papeloteのデザインは、懐かしさと新しさがちょうどいい感じでミックスされているように思います。ですからどういった人たちが好んで使っているのだろうと気になります。また、最近は外国からの観光客もかなり多いのではないですか？

お店に買い物に来るのは観光客も多いのですが、チェコ人の方が断然多いですね。最初の頃はデザイン系のお客さんが多かったですが、最近は普通の人がほとんどです。「子どものためにいいものを与えたい」などと考えるような人も増えました。デザインを重視してない人にも届くようになったのは嬉しいです。

お客さんが来て「昔はこういう感じのものを使ってたのよ」なんて言われると温かい気持ちになります。今はちょうど新学期のシーズンなので、子どもが学校に持っていくノートや、それを入れる紙製のケースなどがたくさん売れました。ここ数年、そういった需要で小学生や中学生の親子が買いに来てくれるので嬉しいです。papeloteのような商品を選んでくれる人がもっと増えるといいなと思っています。

---日本のガイドブックなどでpapeloteを見かけることがかなり増えたので、てっきり外国人観光客が多いのかと思っていたのですが、地元の人のほうが多いとは驚きです。最近はpapeloteやBOTAS 66のように伝統に沿ったもの、かつてのチェコスロヴァキアを思わせるようなものが増えましたが、それについてはどういった印象をお持ちですか？

あ、でもpapeloteのお店に来る外国人の半分ぐらいは日本人ですよ（笑）。
私たちのような店が増えるのは、チェコ人にとってだけではなく観光客にとっても非常に良いことだと思います。おこがましいですが私の大学での修論は「観光におけるデザインの役割」でした。たとえば旅行者にとっておみやげとは何か。キーホルダーなんかより、もっといいものがあるはずで、デザインはその役目を果たすことができると。この数年そういった考えの店は増えています。この先、もっともっと良くなっていくはず、そう楽観的に考えたいですね。

私は子どもの頃から文房具屋さんが大好きでした。でも今は文房具屋に行っても欲しいものがありません。チープなキャラクターものであふれています。きっと彼らはシンプルというものをネガティブに捉えているのです。素朴なものは売れないという心配があるのでしょう。

すべてがとは言いませんが、チェコスロヴァキア時代のものにはインスピレーションを受けるものが本当にたくさんありました。それらは魅力的で、人を惹きつける力があると思います。90年代には外国のものが良いものだという意識が強くあったと思います。しかし25年経った今、徐々にpapeloteのようなものを選ぶ人が増えてきました。多少値段が高かったとしても、チェコ製のものを使いたいという意識が生まれたのは、メイド・イン・チェコへの信頼、評価のひとつの形だと思います。

```
papelote
Vojtěšská 9 Praha 1
月〜金 11:00 〜 19:00
土      12:00 〜 18:00
日曜定休
```

BAOBAB　小さく、大きな絵本出版社

2008年に『チェコへ、絵本を探しに』という本を書いた時に、絵本に関わるいろんな人にインタビューをしました。その時、みんなが口々に「昔に比べて今の出版社はダメになってしまった」と言っていたのですが、すぐに思い出したように「でも最近は頑張っている出版社もあるよ」と言って必ず名前を出すのがBAOBABという出版社でした。

1989年以降のチェコ絵本を救った、と言っても過言ではないBAOBABの創設者ユライ・ホルヴァートさんにお話を伺います。

私と妻のテレザ・ホルヴァートヴァーがBAOBABを設立したのは2000年です。ちょうどその頃、私はまだプラハ工芸美術大学のイラストレート科の学生で、テレザはフランス語学科の学生でした。私もテレザもどちらかというとインテリ階級の出身だったこともあって、家には大きな本棚があり、本についてもとても興味がありました。

かつて国営の児童書出版社はいくつかありましたが、1989年の民主化以降ほとんどが解散してしまいました。なかでも一番大きな出版社、Albatros社も民営化されるのですが、その過程は疑わしいものでした。「子どものための本は危機に瀕している」そう思ったのがBAOBABを設立した大きな理由です。

実はその当時、私はArgoという出版社で働いていました。しかしArgoの叢書はどちらかというとクラシカルなものがほとんどで、もっと現代的なものを出版したいという思いに後押しされました。

Juraj Horváth

最初の数年は会社というより、同じ思いを持つ仲間たちが集まってミニコミのようなものを作ったりしていました。BAOBABとして年に2、3冊の絵本を出版していたのですが、私たちは出版するだけではなく、それにまつわるイベントを企画したりするなど、本に関わる別のアプローチが必要だと考えました。

---今はBAOBABでは年に何冊ぐらいの本を制作していますか。

2015年は20冊の本を出版しました。最近は外国の児童文学に力を入れています。チェコ以外の作品に触れる機会を持つのは、チェコ文学にとっても非常に良い影響があると思います。
妻のテレザはフランス語が専門なので、フランスの児童文学の翻訳が多いですね。こういったものはだいたい12歳以上ぐらいの子どもたちを対象にしているので、イラストがないものがほとんどです。チェコ、それから歴史的にさかのぼっても、チェコに関わる地域というのは狭いので、保守的な童話が多いのです。なので、そういったものから離れた児童文学や、現代的な作品などは外国文学で補うことで、より視界が広がると思っています。
あと、挿絵のある絵本について言うと、今チェコでは男性の挿絵画家が全然いません。ほとんどが女性です。

---え！ そうなんですか？

私たちの世代には男性の絵本専門の挿絵画家というのはいないので、フランス人やドイツ人の男性の挿絵画家の作品を出版しているということもあります。あとは絵本を手がけたことがない画家に頼んだりということもあります。

実はこれまで、本の制作に関わるすべての作業、つまり編集や書体選び、印刷所への発注といった仕事を私ひとりで行っていました。この15年で良い人材が育ち、協力してもらえるようになりましたが、それでもおそらく年間20冊が限界でしょうね。品質重視を常に考えるのでどうしても手がかかります。

---たしかにBAOBABの本は紙や印刷も素晴らしくて、かつてのチェコ絵本のような輝きを持っていますが、本を作る上で特に重視することはなんでしょうか。

奇抜なものを作りたいわけではないんですよ。私たちは他にない特別なものを作りたいと思っているわけではなく、そんなことよりも品質が良いものを大切にしたいのです。ですから特に紙の質や印刷には気を使っています。
どこでも手に入るような紙ではなく、チェコのとある小さな製紙工場で作っている、少し引っかかりのある触り心地が良くて、品質の良いものを使っています。また印刷所も南ボヘミアに家族経営でやっている小さな印刷所があるのですが、できる限りそこを使うようにしています。

アロイス・ミクルカの『O smutném tygrovi（悲しいトラ）』復刻版。当時と表紙のデザインは同じです。

---私の店には89年以前の絵本がたくさんあります。毎日そういった絵本を触っていると、今チェコの本屋で売られている、ラダやトゥルンカなどの名作絵本をただ焼き直ししただけのような絵本を見て、品質の悪さにガッカリします。ホルヴァートさんは「特別なものを作りたいわけではない」とおっしゃられますが、あなたが当たり前と思われることが実際にはかなり難しくなっているのではないですか？

私もほんとに泣きたくなるんです（笑）。たとえば私たちもデイジー・ムラースコヴァーの復刻絵本などを近年出版していますが、なるべく昔のものに近づくよう、紙はツヤ消しのものを使っています。

---まさにそのデイジー・ムラースコヴァーについて伺おうと思っていました。復刻された絵本が、古本で見る当時のものと同様のデザイン、クオリティで並んでいることにとても感動しました。復刻出版についてお話を聞かせてください。

ありがとうございます。そう言ってもらえると嬉しいです。デイジー・ムラースコヴァーにはとてもいい本が多いので、ずっと復刻させたいと思ってたんです。同様にアロイス・ミクルカの絵本も復刻をしたくて彼を尋ねました。しかし彼は90年代に出版社からひどい仕打ちを受けていたため、全然信用してもらえず長い交渉の末やっと出版にこぎつけました。

アロイス・ミクルカの『悲しいトラ』の絵本を復刻出版したのですが、彼は最初「この絵本は普通の色鉛筆を使って描いたものだから、綺麗に印刷するのは不可能だ」と言っていました。しかし今の印刷技術は素晴らしいので、どんな線でも正確に表現できます。品質の悪いものも溢れていますが、本気で取り組めば素晴らしいものを生み出すことはできるのです。

---BAOBAB以降、小さくても品質の良いものを作ろうという出版社が少し増えたように思います。

ちょうど私たちと同時期に、いくつかの出版社ができました。しかし彼らが目を向けたのは著名な作家でした。私たちは最初から、……こういう言い方は変かもしれませんが「無名な人」にスポットを当てました。またデイジー・ムラースコヴァーのように「忘れ去られた人」にも。BAOBABの影響で小さな児童文学の出版社はたしかに増えたと思います。それはとても良い影響ですね。

---Albatros社でさえヴラジミール・フカの『NEW YORK』という素晴らしい本を出版しました。これはやはりBAOBABの良い影響があると僕は思います。

うーん、たしかにそうかもしれないね。最近私たちが出版したミロスラフ・シャシェク(サセック)のThis is シリーズの絵本があるのですが、実はシャシェクの姪、オルガ・チェルナーは90年代にAlbatros社に出版の企画を持っていっていたのです。しかし門前払いです。90年代はそういう会社だったのです。数年前に私もAlbatros社から仕事を請け負いました。噂によると、使う紙の指定にはじまり、とにかく規制や口出しが多いという話だったのですが実際には何もかも自由に進める事ができました。その時は少しばかりは尊敬されているのかなと感じましたね。

---日本でも翻訳出版された『Modrý tygr(青いトラ)』など、ご自身でも絵本を描かれていますが、制作する上で気をつけていること、心がけていることはありますか?

ひとつのスタイルを押し付けないということですね。数年経って見返すと自分の画風というのは自ずと見えてくるわけですが、それと挿絵は別の話です。どの絵本を見ても判で押したように同じスタイルのイラストというのは良くないですね。
とにかく自分でテキストを何度も読んで書くようにしてます。そこから見えてくるものがあるはずなので、一見叙情的、感傷的な話でもあえてそうは描かない場合もあります。以前、チャペックの本の挿絵を頼まれたのですが、短編でテーマが豊かなものではなかったので、新聞の広告のような挿絵にしてみたところとてもマッチしました。

---今回、BOTAS 66やpapeloteでもインタビューをさせてもらっているのですが、BAOBABでいうとデイジー・ムラースコヴァーなどの絵本のように、少し昔のものが復刻されたりといったことが近年増えたように思うのですが。

私が思うに、やはり60年代のアートや絵本、素晴らしいデザインのすべてを排出しているのは、両大戦間のアヴァンギャルドを体験している人ばかりです。60年代に余白などを省いたシンプルなデザインのものが作られた背景にはアヴァンギャルドの影響を無視することはできないでしょう。

素晴らしいデザインや、インスピレーションは年代を超えて影響を与えます。過去と現在を繋ぐのです。

例えばpapeloteは自分の生徒でもありますが、彼らは何かをコピーしているわけではなく、こちらからこういうものを作れと言ったわけでもありません。それでも書籍などの出版物からインスピレーションを受けたようなプロダクトが生み出されるのには、そういう血が巡っているからに他なりません。20年代に産声を上げたモダンな本やデザインの伝統は、時代を超えて常にここにあると確信しています。

これから先も私を驚かせてくれる作家が出てくれることを期待しています。

Knihkupectví Baobab Praha
Krymská 29 Praha 10 Vršovice
火〜金　14:00 〜 19:00
土　　　11:00 〜 17:00
日曜定休

This is ミハエラ・クコヴィチョヴァー

チェドックザッカストアには数千冊のチェコ絵本があります。そのほぼすべてがチェコスロヴァキア時代の絵本です。最近の絵本なんて、と食わず嫌いをしていた僕の目を覚ましてくれたのがミハエラ・クコヴィチョヴァーさんの絵本でした。BAOBABとの関係が深く、現在のチェコ絵本の代表的な人物であるミハエラ・クコヴィチョヴァーさんに作品作りのお話を伺いました。

私はもともとプラハ工芸美術大学のイラストレート科ではなく、アニメーション科の学生で、ミロスラフ・ヤーグル先生に教わっていました。

ヤーグル先生は絵本作家としてもたくさんの作品を残しているので、アニメーション科の先生ではありましたが、実際に教わったことを思い返すと「アニメーションの作家科」といったほうがしっくりくるかもしれません。造形美術ですね。
本当はイラストレート科に行きたかったのですが、競争率が高くて入れる余地がなさそうだったのでアニメーション科を選んだのです。……恥ずかしいので言いたくなかったですが(笑)。
当時は国からの予算も多く、「美術担当」と「アニメーター」とは分業だったので、アニメーション科にいってもイラストを描くことはできると考えたのです。

結果的にはヤーグル先生から学べてよかったと思います。少し変わった人でしたけどね(笑)。

---ミロスラフ・ヤーグルは僕の大好きな絵本作家です。たしかに不思議な作風ですよね(笑)。

そういう時代だったんですよ(笑)。ヤーグル先生はAlbatros社でも、とても注目されていてたくさんの仕事を頼まれていました。それに加えてアニメーションの仕事や学生たちの指導と、とにかく忙しそうでした。

---クコヴィチョヴァーさんが、絵本を描くようになったのにはどういうきっかけがあったのですか。

PŘEDSTAVUJEME VÁM
MICHAELU KUKOVIČOVOU

最初は子ども向けの雑誌などで少しイラストを描かせてもらったり、絵本ではない挿絵の仕事をしたりしていました。私は本当に運が良くて、同級生や友人など、いつも周りには素晴らしい仕事をするデザイナーや編集者がいました。ですから、グラフィックデザイナーと共に仕事をするのが楽しくて仕方がありませんでした。イラストを描き、それに合った書体を選んでもらったり、レイアウトやデザインなど、共同作業で本を作る過程がとても楽しかったのです。

この仕事はほとんどの場合、発注された絵を描くだけで、最終的にどういう形になるのかは出版されるまでわからないというのが通例です。最初のうちはそういうやり方で仕事をしましたが、今はそうではありません。これは本当に幸せなことです。

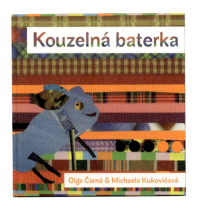

『Kouzelná baterka』
Michaela Kukovičová / Olga Černá 2007

「せっかくアニメ科出身なのだから」というホルヴァートさんのアイデアで、本体とは別にパラパラ漫画が付属します。

---僕が最初にあなたの本を見たのは『Kouzelná baterka(魔法の懐中電灯)』でした。

あの本の内容は、ペットボトルや食品などちょっと変わった素材で生まれたクリーチャーたちの話です。なので私がリサイクルして使っている素材が話の内容にピッタリでとても親近感をもっていました。

ユライ・ホルヴァートにあとから聞いたんですが、彼がオルガ・チェルナーにこの絵本の発注をした際、私にイラストを頼むのは決まっていたので、私の作風を想像して書いて欲しいと伝えてくれていたのです。そんなこと私は知る由もありませんから、初めて原稿をもらった時にすごく驚いたのを覚えています。こんなに素敵な、嬉しい経験はなかなかありません。実際、信頼のできない人たちと仕事をしたり、出版社との意思疎通が上手くいかずに、不完全燃焼で終わってしまった作品もありました。

---たしかに僕が拝見した限りの作品ではどれも自由な雰囲気を感じました。クコヴィチョヴァーさん自身が楽しめないような環境では、作品の仕上がりに大きく影響が出そうですね。

何度も言いますが私は本当に運が良かったと思います。私の仕事は30年前だと受け入れられなかったかもしれません。最近は私の作風を知ってくれていて、仕事の依頼をしてくれる人が多いです。10～15年前にはコラージュというだけで、エロティシズムを連想して恐れる人も多かったのです。私の絵本を見て、このコラージュの素材はなんだろうと興味深く見てくれたり、なにか特別なハサミを使ってるんですか？ どうやって切っているんですか？ などと聞かれたりするととても嬉しいです。

---実際どうやって制作されているんですか？

実は私は、ひいおばあちゃんの大きなハサミ1本でほとんどやってしまうんです。どうしても細かいところは、外科医が使うハサミや爪切り用のハサミも少しは使いますけどね。直線ばかりならカッターもいいかもしれないけれど、そんなことはないですから。ハサミがつくる線はとても柔らかくて優しいのです。

つい先日、本屋でおばあさんとたぶん孫娘が私の本を手に取って見ていたので近寄ってみました。するとおばあさんが「こんなのはさみがあれば誰でもできるわよ」と言ってました（笑）。

---なんて失礼な（笑）。

もうほんと、泣きたかったわよ（笑）。

---コラージュの素材はどういったものを、どういう基準で選ぶのですか？

最初のうちはありきたりの雑誌だったり広告だったり。でも今の時代のものだとあまり面白くないなと思うようになりました。それからは古本屋で昔のものを探したり、外国に行った時にもなにか使えそうなものが無いかと探したりしています。紙の素材を触ってみるのがとにかく好きなんです。外国のとある雑誌で、すごく印刷が悪いものがあるのですが、それは擦ると文字が削れて消えるんですよ。大発見でしたね。おかげで古くて印刷の悪いものを見たら擦ってみるクセがついてしまいました（笑）。

---ずっと気になってたのですが、素材として使えそうなものを見つけた時に「これは何かに使えるかも」とストックしておくんですか？

普段からストックしておくこともありますけど、発注を受けてから初めてそれに見合う素材を探すことのほうが多いですね。

---そうなんですね！でもコラージュという方法では「こうしたい」というイメージがあっても、素材が見つけられずに困るなんてことはありませんか？

もちろんあります。でも素材がなければないでどうするかを追求していく。完成形をイメージしていても、最終的にはどういう形になるのかわからない。そんな探検的なところが魅力的なんです。面白い素材に影響され、最初のイメージとはまったく違うものができることもありますよ。

Michaela Kukovičová

『This is London』
Miroslav Sasek
1959
※『This is M.Sasek』BAOBAB 2014 より

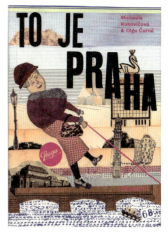

『To Je Praha』
Michaela Kukovičová /
Olga Černá 2015
2016年ボローニャ国際児童図書賞を受賞。

---アートワークを制作するのには、原稿をどれくらい意識するのですか？

何度も読んでいるうちに、どんどんイメージが湧いてくるのですが、やはりその時々で、スッとできる時もあればなかなか難しい時もあります。ただ最新作の『To je Praha (This is Prague /ジス イズ プラハ)』は実際の建築物などが出てくることもあり、いつもとはちょっと違うやり方でイメージを膨らませました。プラハの昔の写真本をたくさん見たり、そして何よりもとにかくプラハを歩きまわりました。

---以前にも『Prahou kráčí lev（ライオンがプラハを歩く）』というプラハについての絵本を制作されていましたね。やはりその時と今回では全然違うのですか。

『ライオンがプラハを歩く』は空想的な内容で、コラージュのみで描かれています。今回の『This is Prague』はサセックへのオマージュであり、プラハのガイドブック的な要素もあるので、「見たままのプラハ」を意識しつつ自分のスタイルを出すようにしました。そしてコラージュだけではなくドローイングとの組み合わせで描いています。

私はあまり自分のやり方を繰り返すのは好きではありません。マンネリ化するのが嫌なのです。ヨゼフ・ラダの作品を見て下さい。同じように見えて目障りでない。それは素晴らしいことです。その人のスタイルは変わらないけれど、できあがる作品はその都度違うものになる。これが私の創作の理想的な形です。

もぐらくんのぬいぐるみこうじょう

チェコのおもちゃ屋さんやスーパーなどでよく目にするクルテクのぬいぐるみは、チェコ第二の都市であり、モラヴィア地方の中心都市ブルノにあるMoravská ústředna（以下モラフスカーと表記）という会社で作られています。

MORAVSKÁ ÚSTŘEDNA BRNO – TOVÁRNA NA KRTKY

モラフスカーは1909年創業。100年以上の歴史があるのですが、元々はぬいぐるみを作っていたわけではありません。当時のこの地域は、東欧のマンチェスターと呼ばれるほど生地製品の街として急成長していました。しかし、小さな工場には製品を作ることはできても販売する術がないため、そういった町工場の商売を支援する組織として、モラフスカーが設立されました。「Moravská ústředna」翻訳すると「モラヴィアンセンター」という意味があります。社名にこの時代の名残があるのです。

おもちゃを作り始めた当時のカタログ。いま蚤の市で出会うと飛び上がって喜ぶレベルのものばかり。

モラフスカーの本社には超巨大クルテクが！

クルテクのぬいぐるみの外側部分は、重ねられた何枚もの巨大な生地を機械でまとめてカットします。

カットされた生地を職人さんが縫い合わせて、クルテクっぽい何かができあがります。

中綿がはいっていないとフニャフニャです。これはこれでかわいい気も。

少し小さめサイズのクルテクもずらりと並んでいます。なんだか楽しそうです。

モラフスカーが製品を作るようになったのは創業から50年が過ぎてからで、1960年代におもちゃではない、布製のギフトや装飾品を制作することからスタートしました。そして1969年、ニュルンベルク国際玩具見本市にはじめて出品することになったのですが、出展するためにはプロダクトのラインナップが必要でした。

そこで、チェコ製のウールフェルト、コットンのみを使ってぬいぐるみやハンドパペットなどを制作しました。チェコ製のものにこだわるのはモラヴィアンセンターとしての役割、素材の宣伝のためでもありました。この見本市に出品するまでは、民族衣装の人形などを作り東欧圏のみで販売していました。こういった活動には地方の伝統を保護する意味もありました。

大きめの人形は綿を入れる機械で一気に仕上げます。

小さいサイズのぬいぐるみの生地は、型押しで一度にカットします。

倉庫には昔からの生地がズラーッと並んでいます。

何十年も前に使用されていたおもちゃのパッケージ。この箱自体が売り物になりそう。

クルテクの初の製品化は1984年と実は会社の歴史の中では結構最近です。
モラフスカーのデザイナーがテレビでクルテクを見て「これを作りたい！」と思い、作者のズデニェク・ミレルさんとコンタクトを取り、人形を作り始めました。最初の商品は小さなナイロン地の人形だったそうです。当時はライセンス許諾などの概念はあまりなかったのですが、モラフスカーはそういうこともきちんとしていたので、今でも良好な関係が継続できています。

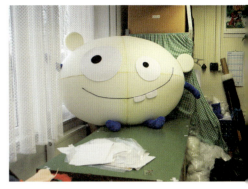

クルテク以外のぬいぐるみもたくさん作っています。中にはこんな大きな着ぐるみも。

クルテクのぬいぐるみをはじめ、モラフスカーのおもちゃは街中でほんとによく見かけるのですが、会社の売上の9割は輸出事業です。共産主義時代に輸出事業が占める割合は売上の1割ほどだったので完全に逆転しています。
いくつもの大きな転換期を経て今に至るわけですが、社名に残る「モラヴィアンセンター」としての精神はずっと受け継がれています。

新製品は、まず手作業で試作品を制作し、大量生産の方法を試行錯誤します。

100年の伝統を持つ木のおもちゃ

ドイツやチェコというと「木のおもちゃ」というイメージがなぜか刷り込まれています。それを裏付けるように、やはり良質の木のおもちゃがチェコにはあります。そしてその代表といえば100年以上の歴史を誇るdetoa社です。

木のおもちゃというのは、子どもが一番最初に手に取るケースが多いため、品質やデザインなどに非常に気を使っているのがわかります。
カレル・チャペックがわざわざ子ども向けの本を書いたように、小さな頃から良質なものに触れていれば、それに見合う人間に成長するはずだ、という精神はこういうところにも見え隠れします。
detoa社では工場見学ツアーを行っていたり、子ども向けのワークショップも開催されています。品質へのこだわりや自信がなければこういったことはできませんから、100年の伝統は伊達ではありません。

社長のゼマンさん自ら工場の案内をしていただきました。

detoa社は1908年の創業で1944年まではSchowanekという社名でした。最初のプロダクトは、木のビーズやボタンでした。これは創業の地であるアルブレヒティツェという町が、ガラス装飾品の産地として有名なヤブロネッツからとても近いことが影響しています。

木のおもちゃを作るようになったのは1920年頃からで、1945年から1993年まではtofaという社名でした。これはToys factoryの頭文字からきています。tofa時代のおもちゃは蚤の市でもよく見かけます。Schowanekのおもちゃもガラスケースなどに入れられて、高価な値段で売られているのをたまに見るのですが、まさかそれらがdetoa社と同じだったとは知らなかったのでびっくりしました。

detoa社の応接室には大きな陳列棚があり、創業からのプロダクトが年代別に並んでいます。

創業当時のプロダクトはおもちゃではなく、ボタンやビーズなどでした。
何十年も前のデッドストックのボタンなどがまだまだ眠っています。

社名がSchowanekだった頃、
最初期の木製のおもちゃ。

工場で作られている製品を集めたショップもあるのでおみやげには困りません。

子ども向けのワークショップや、工作スペースもあるので小さなお子さん連れでも楽しめます。

1989年の民主化以降、海外からの商品がたくさん入ってくるようになり会社の存続が危ぶまれていました。会社が民営化されることも決定し、ドイツの会社が買収に興味を示します。しかし、その会社はずっと競合関係にあった会社で、ピアノの部品を作るためだけの工場として買収しようとしていたのです。
そこで現在の社長であるヤロスラフ・ゼマンさんが名乗りを上げ、買収のコンペに勝利し、1993年からdetoa社としてスタートします。政府もチェコの会社でチェコのもの作りを継続させるということに理解を示し後押ししました。

福引のガラガラのような機械で、木材をムラなく着色していきます。

クルテクの木製人形はこのような工程を経て完成していき、目は熟練の職人さんがひとつずつ手描きしています。

できあがったクルテクはタマゴのケースに座り出荷を待ちます。

長い伝統を持ちながら、民主化のドタバタでなくなってしまったり、不自然な買収をされた会社はいくつもあります。しかしdetoa社はこのような経緯で存続し、チェコの木のおもちゃは守られ、今も良質のものが店には並んでいます。

今回はdetoa社の工場を見せていただき、そしてお話を伺い、変化することも、変化させないことも本当に多大な努力が必要なのだということを身にしみて感じました。

チェコのピアノメーカーPETROFの部品も制作しています。

社用車もクルテクです。

おもちゃのパーツリスト

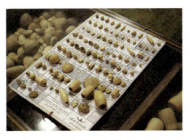

detoa社の社長ヤロスラフ・ゼマンさん、マルツェラ・コチョヴァーさん。そしてdetoa社の商品を日本で取り扱う(株)パドルビーの松村さん。通訳も松村さんにしていただきました。

紙製のスーツケースができるまで

チェドックザッカストアではクルテクが描かれた紙製のスーツケースを販売しています。それは新品でKAZETOというチェコの会社で現在作られているものです。

JAK SE VYRÁBÍ LEPENKOVÝ KUFR?
TOVÁRNA KARLA ZEJDY

ある日チェコのガラクタ屋で、使い込まれた年季物のスーツケースを物欲しそうに見ていた時に友人が言いました。
「それ、お前の店にあるクルテクのスーツケースと同じ会社のだよ」と。
目の前にある味のあるスーツケースが、紙製であることにもいまいちピンと来ていなかったので、そう言われてとても驚いたことを覚えています。

紙製のスーツケースを作っているKAZETO社はチェコのプジェロフという町にあります。KAZETOという社名は Karel Zejda Tovarna（カレル・ゼイダ ファクトリーの意）の頭文字を取って命名されています。創業者であるカレル・ゼイダさんは、もともとは靴の上部を製造する仕事を請け負っていたのですが、同じ機械を使ってカバンを作り始めたのが創業のきっかけです。1925年に廃業した砂糖工場を買い取り、カバン工場を作りました。最初のうちは革のカバンも作っていたのですが、1929年からは硬質パルプを使用した、紙製のトラベルスーツケースを大量に生産しはじめます。

様々なカバンのカットパターンが木枠になっているので、それを機械にセットしてカットしていきます。組み立てる前の展開サンプルもたくさん。

昔のカタログ。重厚なトラベルスーツケースは蚤の市でもたまに見かけます。

イレナ・フィグスさん(左)とヤナ・ヴェリーモヴァー(右)さんに工場の中を案内していただきました。

機械でカラフルに仕上げた紙に、さらにシルクスクリーンでパターンを印刷します。

クルテク以外にもこんなにかわいいイラストのものが。

KAZETO社は1971年に最盛期を迎えます。子ども用の紙製スーツケースを生産し始めたのもこの頃で、当時は子ども用のスーツケースが会社全体の売上の7割を占めていました。

チェコスロヴァキアは1989年に民主化され、1993年にはチェコとスロヴァキアに分離しました。しかしそういった大きな出来事がKAZETO社の屋台骨を揺るがすことはなく、製品自体にも大きな変化はありません。同じ機械を使用し続けていることと、品質を一番に考えていることがKAZETO社の品質を支えています。

とはいえ、商売のやり方は大きく変わりました。共産主義時代には製品の8割が旧東欧圏向けに作られていました。現在ではそれが完全に逆転しています。
しかしKAZETO社は原点に立ち返り、また伝統的なトラベルスーツケースを作りたいと考えています。その理由は、機能性とデザインを兼ね備えた確かな品質に、絶対的な自信を持っていること。そしてKAZETO社の製品の歴史を知るユーザーの声が後押しをするからです。

ひとつずつ丁寧に組み立てられています。

クルテクのカバンも完成を待っていました。
倉庫ではたくさんの製品が出荷を待っています。

4

古本屋、ガラクタ屋、冬の時代
ANTIKVARIÁTY A BAZARY V ZIMĚ

チェコの古いものを集めた店をやっていると、「チェコに行くとこういうものがたくさん買えるんだ」と、よくお客さんに誤解されてしまうのですが、チェコにはうちみたいなテイストの店はほぼありません。日本には昭和レトロ的なものを集めたような雑貨屋があるように、フランスやオランダ、ドイツあたりだと、ヴィンテージものが集められた雑貨屋があるのですが、チェコにはそういった店はほぼありません。大事なことなので2回言いました。

チェコでヴィンテージを探すというのは実はかなり大変です。ドイツやフランスに比べると蚤の市の数も少なく、規模も小さいです。「BA-ZAR」というガラクタ屋に行っても、大量のガラクタの中で数点買えれば上出来といった具合です。

プラハに「クマのおっさんのバザール」と、個人的に呼んでいる店があります。店主がクマ好きで非売品のクマのグッズが店内に装飾されているためです。とても人気の店で、いつ行っても売り買いする客で賑わっています。なので商品が入れ替わっている頻度が高く、毎回訪れるのを楽しみにしています。

しかしこういう店は稀で、ほとんどの場合は、最初は大量に買えても2回目に行くと、買うものがないなんてのは日常茶飯事です。古いものの絶対数は減る一方なので当然といえば当然ですが、最近はインターネットが広まったことで、バザールや古本屋のように安く買い取りをして、それをまた安く売って……というビジネス自体が、時代にそぐわなくなってきたのかもしれません。

行きつけのバザールや古本屋が閉店し、次から次へと携帯電話ショップに変わってしまった時には、時代の流れを感じて絶望に打ちひしがれました。このままではうちの店もいずれ携帯電話ショップに……!?　とならないように、なんとか頑張っております。

こんにちは。

ZÁMECKÝ BAZAR

お城のバザール

街中からガラクタ屋が失われていくなか、チェコでいつも世話になっている友人が不憫に思ったのか、手をつくしてガラクタ屋を探してくれていました。実際にはインターネットなどで調べて現地に行ってみたら閉店しているなんていうことも多く、なかなか思うようにはいかなかったのですが、ある日、友人が憑きものが落ちたような顔で僕にこう言い放ちました。
「ついにバザールの城を発見した」
最初はまったく意味がわからなかったのですが、「とにかく行こう」というので言われるがまま車に乗り、プラハから100キロほど離れた田舎町に到着しました。建物自体が少ない中、ボロボロの巨大な建物が強い存在感を放っていました。まさか……と思いながら中に入るとそこは紛れもなく「バザールの城」でした。

中庭にはお世辞にも綺麗とはいえない状態で、山のようにガラクタが並べられています。食器、照明、本といった具合に一応分類して置かれていることで店である体裁を保っていますが、崩壊すればただのゴミ溜めでしかないような状態でした。何時間そこにいたかわかりませんが、車に載せられるだけのダンボールをギュウギュウにゴミ……じゃなくてお宝を詰め込み、バザールの城を後にしました。

この店の恐ろしいところは、まずいつ開いてるのかわからないというところで、営業日、営業時間であっても開いていないことも多々あるようです。こんな僻地までわざわざ訪ねてきてそんな目に遭ったらと思うと、震えが止まりません。訪れるたびに店はどんどん進化していて、ボロボロの城は着実に修復され、放置されていたガラクタも少しずつ整理されています。

そんなわけで1年に1度ぐらいは、お宝探しと城の再建を楽しみに訪れています。

建物の中だけでなく、外にもたくさんのものが。ここまで来るともうゴミなのか商品なのか紙一重。

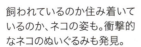

飼われているのか住み着いているのか、ネコの姿も。衝撃的なネコのぬいぐるみも発見。

蚤の市へ行こう

週末ごとに各所でたくさんの蚤の市が開催されるお隣のドイツとは違って、チェコでは蚤の市の数もそんなに多くありません。チェコで一番有名なのはプラハで毎週末に開催される、コルベノヴァの蚤の市ですが、この蚤の市もまだ始まって10年ほどです。

蚤の市はプロのアンティーク屋が出品するというよりは、地方から自分たちの持つ商品を持って来る人や、家の不要品を売りに来る素人の割合が多く、いつ行っても新鮮な出会いがあります。

POJĎME NA BLEŠÍ TRH!

お腹が空いたら休憩してご飯も食べられます。もちろんビールも。

みんな真剣な顔で探しものをしています。

ミニカーや鉄道模型は子どもよりも大人に人気。

冷蔵庫や浴槽まで売られています。持って帰れるのでしょうか。

チェコスロヴァキア時代の自転車。今一番狙っているアイテム。

ゴミ同然の目覚まし時計も。全部買ってディスプレイとかに使いたい。

子ども蚤の市。
もうちょっと出品点数が欲しいところ。

おばあちゃんたちもおしゃれをして買い物に来ています。

クマクマ4兄弟。次の飼い主を待っています。

雨でも雪でも開催されますが、ブースはかなり少なくなります。せっかくプラハまで行って週末に雪が降ると絶望的な気持ちになります。

メイド・イン・チェコスロヴァキア / Made in Czechoslovakia

蚤の市やガラクタ屋で商品を手にとった時、まずいちばん最初にするのは Made in Czechoslovakia という文字が書かれているかどうかです。汚れていたり、傷があったり、名前が書かれていたり……。それさえも愛おしくなるような不思議な魅力があります。

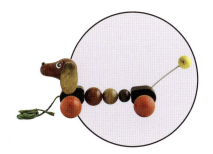

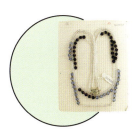

ぬいぐるみ / Plyšáci

子どもたちの成長を見続けてきた古いぬいぐるみたち。
同じ人形でも微妙に顔が違うところが魅力的です。

マグカップ / Hrnečky

幾何学模様に花柄、キャラクターもの。
その日の気分に合わせて使いたいですね。

ハットピン / Odznaky

チェコの町の名前や、企業、キャラクターなど様々なモチーフの描かれたハットピン。
今もなおコレクターズアイテムです。

マッチラベル / Filumenie

マッチ箱に貼るためのラベル。収集している子ども達は裁断前のものが欲しくて、工場に手紙を書いたりしていたそうですよ。

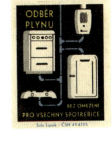

目覚まし時計 / Budíky

ねじ巻き式の目覚まし時計。カチカチと音をたてて一生懸命動きます。ちょっと遅れてしまったり、速くなってしまったりするのはご愛嬌。

チェコのヴィンテージ家具

今から数年前、プラハの街中を歩いていると、ダンプカーの荷台のような巨大なゴミ置き場に、見たこともないようなモダンなデザインの椅子がいくつも捨てられているのを発見しました。ゴミ置き場だけではなく、ただの道端でもかっこいい椅子や棚などが放置されている光景をよく見ました。

チェコの友人に「あんなかっこいいのが捨てられてるなんてもったいない」というようなことを言うと「え？　あれが？」というような反応が返ってきて驚いたおぼえがあります。僕はチェコだけではなくドイツにも雑貨の買い付けに行くのですが、店を始めた2004年頃には東ドイツデザインなどのちょっとしたブームみたいなものが来ていました。共産主義時代のものだからと忌み嫌われていた数々のものが、当時のことを知らない若い世代や当時子どもだった世代に、懐かしさとある種の新鮮さを持って再評価され、蚤の市や雑貨屋などで高く販売されていました。チェコも共産主義の時代を経て1989年に民主化するわけですが、やはりその当時のものは暗い時代を思い出させるということもあり嫌われていました。そしてドイツで共産主義時代のリバイバルブームのようなものが来ている頃も、チェコではそのような再評価の波もあまり感じませんでした。

野ざらしにされていたモダンな家具たちを忘れられなかった僕は、買い付けを試みてはみたものの、運ぶのが大変とか送料が、などという以前に、見つけること自体が困難でした。捨てられているものを長い期間かけて集めるというのも現実的ではありませんし、家具屋に行ったところで現地での需要がないためまったく見かけません。なかばあきらめつつも頭の片隅には「チェコの家具」のことがずっとありました。

それがこの3〜4年で事態は急変しました。少しずつ60〜80年代のデザインが再評価されはじめ、展覧会などが開催されたりインターネットのオークションサイトなどでも高い値段で取引されるようになってきたのです。ちょうどこの時期に友人が郊外の大きな家に引っ越したこともあり、倉庫代わりにストックできるスペースができました。

1年がかりで、家具屋、インターネット、さらには人の家で今でも使われているものを直接買いに行くなどして、コンテナ2台分の家具を買い集めました。もともとコンテナよりも小さなスペースで店を始めたような人間が、よくこんな仕事をするようになったもんだと感慨深くもありましたが、感傷に浸っていられるほど現実は生やさしいものではなく、手続きも、作業も金銭面でもなかなか大変でした。特にチェコの税関からは「こんな大量の中古家具を輸出するなんて意味がわからない」と怪しまれ、次々に手続きが増えるなど、結構な地獄っぷりを発揮していました。そんなことも無事到着して店頭に並んでいる今となっては良い思い出です、と言いたいところです。が、もう二度とあんなしんどい思いをしたくない気持ちと、新しいものに出会いたい気持ちはまだまだ戦っています。

ČESKÝ FILMOVÝ PLAKÁT

チェコの映画ポスター

10年以上前、いつものように古本屋で絵本を物色していた時のこと。大量に用意された箱のなかからめぼしい絵本を探していると、A3サイズのポスターがたくさん入った箱を見つけました。これは何かと尋ねると、古い映画ポスターだという答えが返ってきました。映画ポスターといえばもっとサイズの大きなもののイメージしかなかったのと、見るからに斬新なデザインのものが多かったのですごく驚いたことを覚えています。自分の知っている映画やチェコアニメのポスターはないかな、と気になってポスターの束をパラパラと捲りながら眺めていると、「興味があるならまだまだあるぞ」とでも言わんばかりにどんどんと箱は追加され、最終的には数千枚のポスターが目の前に用意されていました。

全部まとめて購入するならいくら、というような話もされたのですが、その時はあまりよく知らないものだし、数量も多いしということで細かくチェックして、気に入ったものばかりを200枚ほど購入しました。

10年経った今思い返すと、あの時買わなかったけど、それ以降一度もお目にかかれてないようなものもあったりして、ああ、全部買っておけばよかったなぁと後悔しきりです。ま、そんなこと言ってもどうしようもないんですけどね。

チェコの映画ポスターは、チェコの映画の歴史と密接な関係があります。チェコ国内で上映される映画ポスターはチェコのデザイナーが製作します。外国の作品も、外国の宣伝材料をそのまま使用してアレンジするといったことはなく、一から製作されます。映画も映画ポスターも検閲があるのですが、1960年代に入ると自由な空気を持った時代の流れもあり、コラージュやフォトモンタージュなど様々な技法を使った素晴らしいデザインの映画ポスターが街に溢れます。

映画のスチール写真や宣伝材料などをアレンジして製作されるもの、映画の印象的なシーンをイメージして製作されるもの、さらにはポスターを作成する前に本編を見たアーティストが独自の解釈でイメージを投影したもの。グラフィック的なおもしろさだけではなく、作品に対するアプローチとしても面白いものがたくさんあります。

 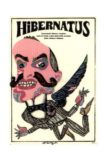  

またこの時代、映画ポスターの検閲をしていた機関は、政治的な理由でアーティストを排除しなかったため、他の芸術分野だと政治的な理由で参加できないようなアーティストも映画ポスターの製作をし、自らの作品発表の場に変えていたという側面もあります。

ポスターは一度に並べて街中に掲示されていたので、チェコ映画の黄金期の掲示板は当時流行のポップアート、サイケデリックなデザイン、そしてシュールレアやコラージュ、アヴァンギャルドの要素を受け継いだものなどが一堂に会していたわけです。想像するだけでもすごい光景ですね。

テリーさんのくつした

チェコで映画ポスターを探すなら、おすすめのお店が中心地にあります。ヴァーツラフ広場のトラム停を降りてすぐのところにある映画館、そのすぐ横に映画ポスターを扱うお店 Terryho ponožky（テリーさんのくつした）です。店は小さいのですが、実はインターネットで大量のポスターを販売していて、かなりの数がアーティスト別などにきちんと整理されて紹介されています。日本からでも購入可能です。
今回は店主のパヴェル・ライチャンさんにお願いして、映画ポスターの倉庫を見せていただきました。

Pavel Rajčan
（パベル・ライチャン）
チェコ映画ポスターの収集、研究を行うようになったのは、98年から。プラハで3つ映画館を運営するようになり、デッドストックの古い映画ポスターが大量に残されているのを目の当たりにしたのがきっかけ。

当時は映画ポスターに関するまともな資料もなく、美術館などもまったく協力的ではなかったので、「自分がなんとかしなければ」という思いから、映画ポスターや資料を集めて研究しはじめたそうです。倉庫には10万枚を超える映画ポスターが丁寧に保管されています。

古い映画館や、かつて映画館があった街に探しに行くものの、1989年以降に廃止された映画館に残されていた資料やポスター等は、焼却処分されてしまいました。まとまって見つかるようなことはほぼありません。

ポスター専門のデザインの人はいないので、グラフィックデザイナーはもちろん、建築家などいろいろな人がデザインに参加しています。そのため独特で実験的なものもたくさん生まれました。

グレゴリー・ペック主演の『大いなる西部』(1958)のチェコ版ポスター。
ポスターをデザインする際には、実際に作品を観ることなく、タイトルやあらすじなどから想像で書いてるものが多いそう。原画は残っているが実際には制作されなかったというものも多数あります。

当時はコンピューターなどないので、すべて手描きやコラージュなどで制作されています。

テリーポスターはインターネットだけでなく、ヴァーツラフ広場にある映画館 Kino Světozor に併設して実店舗もあります。

Filmová galanterie Terryho ponožky
Kino Světozor Vodičkova 41 Praha 1
月〜金 10:00 〜 20:00
土　　　12:00 〜 17:00
日曜定休

5

ガイドブックに載らない街へ

DO MĚSTA, O KTERÉM SE V PRŮVODCÍCH MLČÍ...

チェコに行く回数が増えるのに比例して、チェコ人の友達もどんどん増えていきました。
だいたいが古本屋関係の友人なので、誰か一人に「来月チェコに行くよ」なんて言おうものなら、どんどんその情報は広がっていきます。

友人が多くなればなるほど、会える人や行ける店にも限りが出てきます。「なんだ、あいつ来なかったじゃないか」なんて思われるのが心苦しくて、できる限りスケジュールを調整していました。
しかし、それもなかなか厳しくなった頃、突然友人たちは結婚、独立などいろいろな理由で都市部から離れ、生まれ故郷やその周辺の田舎へとどんどん引っ越していってしまいました。

そうなると、チェコ全土、さらにスロヴァキアまでを動きまわらなくてはならず、さすがに「なんだ、あいつ来なかったじゃないか」なんて思われることもなくなったのではないかと思います。とはいえ、友人たちに車で送ってもらいながら次々と友人の家をハシゴしていく旅も結構面白いんですけどね。

買い付けや普通の旅行とは違って、ガイドブックではあまり紹介されることのない小さな街に行く機会も増えるので、それはそれで楽しみのひとつになっています。

VANSDORF, MĚSTO NA HRANICÍCH

国境の町、ヴァンズドルフ

チェコに行き始めたばかりの頃、足繁く通ったリベレツの古本屋で働いていたのがマリアン・ルカチョヴィチです。おなじくその古本屋の店員でもともと仲良くしていたトマーシュという友人が店を辞めて独立し、スロヴァキアのバンスカー・シュチャヴニツァという、なかなかの田舎に引っ越してしまいました。頻繁に会うのが難しくなってがっかりしていたのですが、その後マリアンも退職して、実家のあるヴァンズドルフという町に帰りました。

このヴァンズドルフという町もなかなかの田舎で、チェコの北西、ドイツとポーランドの国境が入り混じるところに位置しています。車で行くと途中でポーランドに入り、数分後にはドイツに入り、そしてまたチェコへと入るというカオスぶり。リベレツからはそこまで遠くないとはいえ、頻繁には行けない、というか友達が住んでいなければ、めったに行くことがないところですがなかなか興味深い町です。

名だたる観光スポットや、絶対に押さえておきたい名所というものは正直ありませんが、建築物の雰囲気がプラハなどとは全然違ったり、すれていない昔ながらの町の雰囲気が残っていたりして癒やされます。

普段買い付けであくせく働いているので、こういうのんびりした雰囲気もいいなぁとリラックスモードで滞在していたところ、マリアンが「せっかく来たのだから」と観光へと連れて行ってくれました。この観光が個人的にヒットでした。

ドウビツェのあやしい公園

ヴァンズドルフの町中の歴史的な建物や、眺めのいい丘に登ったりしていろいろと観光案内をしてくれたものの、午後にはもうすでに「最近出来たケーキ屋」とか「昔はボーリング場だった廃墟」などを案内されるようになりました。ひしひしと伝わってきたネタ切れ感。ついにはヴァンズドルフから離れ、車で20分ほど走ったところにあるドウビツェという町に連れて行ってくれました。
そこにあった公園が、僕が今までチェコで訪れたいろいろな場所でも1、2を争うような衝撃的な場所だったのです。良い意味でも悪い意味でも。
百聞は一見にしかず。ぜひご覧ください。

連れて行ってもらったのはこのホスポダの敷地内の巨大な公園で、入り口にはかなり大きめの木彫の人形が鎮座しています。

中に入るとこういった謎の木彫の人形がそこかしこに。これはまだまだ序の口。

子どもには人気。ただ、子どもが乗っているのが何なのかは不明。

巨大なアリの化け物

ビーチバレーのコートを守るために現れた、エジプト神「アヌビス」。

レーシングカー。
朽ちてしまって事故車のように。

チェコの伝説として知られるゴーレム。

Snĕhurka

1　2　3　4　5　6　7

誰がなんと言おうと美しい白雪姫と7人の小人。

木彫の人形たち自身も困惑しているようです。

とても手の込んだ大きな作品もたくさん。

人気のアトラクション。石の壁でできた迷路。行き止まりには化け物が。

ああ！　もう出られないよ!!　と頭を抱える化け物。

Bohužel !

迷路から出られず、屍になってしまった先人も。

「ざんねーん！　行き止まりでした！」

子どものためなら持ち手が欲しいところ。

子どもの遊具も充実。砂場狭くない？

ホスポダも多くの化け物で賑わっています。

恐竜は子どもにも大人気。

ちなみにホスポダの中はこんな感じ。びっくりドンキー感アリ。

流行にも敏感です。いろいろ勘ぐりたくなりますがそっとしておきます。

こっち見んな。

みなさまのご来店を首をなが〜くしてお待ちしております！

ネコのビール

ヴァンズドルフといえばこれ、というものがあります。それはネコのビールです。ネコ用のビールではなく、ネコで出汁をとったビールでもありません。ネコのビールとはヴァンズドルフの地ビールのことで、PIVOVAR KOCOUR（ネコの醸造所）という名前の醸造所で作られています。醸造所にはレストランが併設されているので、いつでも最高のビールを味わうことができますよ。

KOČIČÍ PIVO?
PIVOVAR KOCOUR!

ちょっと変わった
ネコのロゴマークが目印です。

醸造所なので出来立てでスッキリした
味わいのビールが楽しめます。

そればかりか、子どものための遊び場があったり、ウサギやクジャクなどが飼育されていてふれあうことができたり、宿泊施設があったり、あげくの果てにはオーナーが私財を投じて醸造所に停まる駅(醸造所のすぐそばを電車が走っているのです)を作ったりと、想像の域をどんどん越えてきます。

まぁたしかに、どれだけ飲んでもすぐそこが駅なら電車で帰れますし、電車がなくなっても宿泊できるので理にかなってはいますよね。クジャクについてはちょっとよくわかりませんが。

私設された「ヴァンズドルフ、ネコの醸造所駅」。

> Pivovar Kocour Varnsdorf s.r.o.
> Rumburská 1920 Varnsdorf
> 月〜日　10:00〜22:00
> 金、土　24:00まで営業

MARIANOVO KRÁLOVSTVÍ - ANTIKVARIÁT KLARIANI

マリアンの古本屋

マリアンがリベレツの本屋さんを辞めてヴァンズドルフに戻り、独立して古本屋を始めました。数年はネットショップのみだったのですが、2014年についに実店舗をオープンしました。本の品揃えはもちろん、映画ポスターやレコード、それにおもちゃもたくさんあってとても素敵なお店です。ヴァンズドルフには、古本屋はこのマリアンのお店1軒のみ。どの町でも古本屋やガラクタ屋はなくなる一方なので頑張って欲しいです。

併設してマリアンの奥さんがやっている手芸用品店もあります。

ANTIKVARIÁT KLARIANI
Národní 1863 Varnsdorf
月、水、金 8:30 〜 15:00
火、木　　 8:30 〜 17:00

おわりに

この本を書くにあたりたくさんの方にお話を伺ったのですが、「チェコのことを調べている変わった日本人がいるぞ」と聞きつけたチェコの新聞社の方に逆取材をされました。

店を始めた当時は、「なんでチェコなの？」「これが売れるの？」と日本でもチェコでも同じような質問をよくされていました。「食べていけるの？」なんて言われたこともあります。大きなお世話だよ、と怒りながらも、質問した側になって考えてみれば「ま、そう思われても仕方ないな」という気持ちもありました。
それがチェコの新聞で、自分のやっていることが取り上げてもらえるなんて、数年前なら考えられないようなことです。誰に頼まれるでもなく、好きでやっていることが評価されたようで嬉しかったです。そしてこの数年で、チェコスロヴァキア時代の素晴らしいものが再評価されるようになったんだなぁと実感しました（もっとも商売的には昔のものが手に入りにくくなり、良いのか悪いのかという感じですが……）。

チェコスロヴァキアというと、旧共産圏というイメージが先行して、どこか暗さを感じるとか、影があるとよく言われるのですが、僕自身はあまりそういう風に感じたことはありませんでした。たしかに共産主義時代の話を聞くと、暗い話や理不尽な話もいろいろと出てきます。しかし、そういった抑圧があったが故に生まれたものがあるのも事実です。

近年再評価される、チェコスロヴァキア時代の数々の素晴らしいものたちには、古いものとは思えない新鮮な輝きを感じていました。その輝きが強くてあまり暗さを感じなかったのかもしれません。

チェコスロヴァキア時代のものには、デザインやアートのことに詳しくなくても、純粋に素晴らしいと思えるものがまだまだたくさんあります。
もしあなたがチェコを訪れたなら、チェコスロヴァキアの面影を探してみてください。

Ano!

Ahoj！トビシュク！ Ahoj Tobišku!

年に2〜3回くらいのペースで、チェコを訪れるようになって10年以上が経ちます。その間にチェコ人の友達もたくさんできました。この10年ほどの間に自分にも様々な変化がありましたが、当然友達たちにも多くの変化がありました。

2008

2009

2010

働いている店が変わったり、独立したり、引っ越したり、結婚したり、子どもができたりと。いろんな変化でいろんな街に友人たちが散らばってしまったなか、チェコに行った時に必ず会うのはエヴァとホンザ、そしてその子どものトビシュクです。

2011

Pomoc!

2012

トビシュクは本当はトビアーシュという名前なのですが、赤ちゃんの頃はみんなトビシュクと呼んでいました。その名残で、いまだについついトビシュクと呼んでしまいます。2008年に生まれてから、定期的に会って、その成長をずっと見守ってきました。

Studie!

2014

2013

2015

2016

チェコ語がまったくもって不自由な僕にとって、飼いネコと、まだ話すことができないトビシュクは、心で通じあう親友でした（ただチェコ語が話せないだけ）。そんなトビシュクですが3歳くらいになるとあっさりと僕のチェコ語レベルを抜き、まったく意思の疎通はできなくなりました（もともとできていない）。昨年トビシュクもついに小学1年生になりました。人の子ですが親バカ気取りで成長の記録をお見せしますので、よろしければご覧ください。

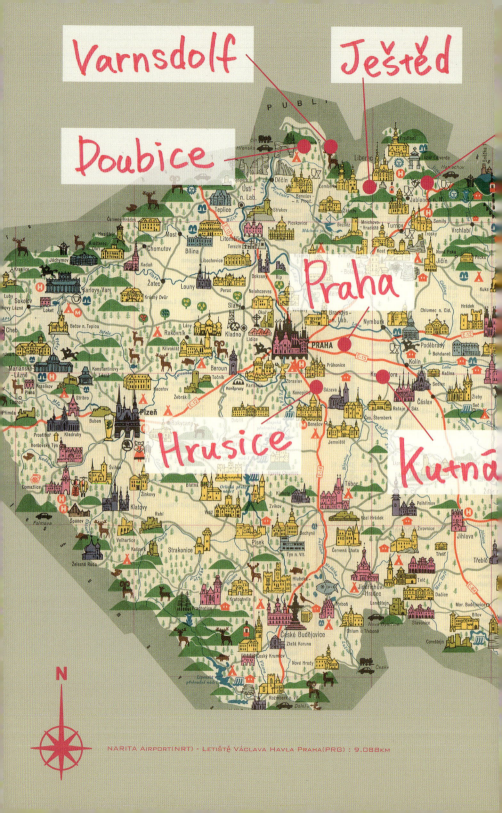

Czechoslovakia - a country of tourist attractions
Die Tschechoslowakei - ein Land der Sehenswürdigkeiten

『チェコへ、絵本を探しに』(産業編集センター)が出てから早8年。久しぶりに本を制作するとなると、何から何まで忘れてしまっていて、エンジンがかかるまで随分時間がかかってしまいました。「もう書きます。」と何度も繰り返される書く書く詐欺にめげず、気長に制作を待ってくださった産業編集センターの福永恵子さん。ややこしい注文にめげずに素晴らしいデザインをしてくださったリドルデザインの三輪さん。チェコの工場を案内してくださった(株)パドルビーの松村さん。取材に同行して通訳、アテンドをしてくださったチェコ蔵のペトル・ホリーさん。快く推薦文を引き受けてくれた堂島孝平さん。そして数ヶ月の間、執筆で他のことが何も手につかなくなってしまった僕を懸命に支えてくれた家族へ。本当にありがとうございました。また、次の本が作れるように頑張ります。

谷岡剛史(Masahito Tanioka)

1975年大阪出身。チェコから輸入した絵本や雑貨、家具などを豊富に取り揃える店「チェドックザッカストア」を2004年に神戸に開店。2010年に東京馬喰町に移転。その後2013年に浅草へ移転。店で扱う商品は直接足を運び買い付ける。とりわけチェコ絵本は常時2000冊以上のラインナップを誇り、著書に『チェコへ、絵本を探しに』(産業編集センター)がある。

http://www.cedok.org

私のとっておき41
もうひとつのチェコ入門
メイド・イン・チェコスロヴァキアを探す旅

2016年8月1日　第一刷発行

著者　谷岡剛史(チェドックザッカストア)
写真　谷岡剛史(チェドックザッカストア)
　　　三輪成吾(リドルデザインバンク)
　　　阿部亜由美
　　　松村美佐(株式会社パドルビー)
　　　Petr Holý(チェコ蔵)
　　　Yuko Shigeoka

装幀　三輪成吾(リドルデザインバンク)
チェコ語翻訳・監修　Petr Holý(チェコ蔵)

発行　株式会社産業編集センター
〒112-0011
東京都文京区千石4-39-17

印刷・製本
株式会社シナノパブリッシングプレス

©2016 Masahito Tanioka
Printed in Japan
ISBN978-4-86311-136-3 C0026

本書掲載の情報は2016年5月現在のものです。
本書掲載の写真・イラスト・文章を無断で転記することを禁じます。
乱丁・落丁本はお取り替えいたします。

Spetial Thanks
Petr Holý(チェコ蔵) / Pavel Zelenka / Jana Vahalíková / Jan Oravec / Eva Zdražilová
塚本太朗(リドルデザインバンク) / なかやん(リドルデザインバンク) / 松村美佐(株式会社パドルビー) / 堂島孝平